Norbert Röttgen
Deutschlands beste Jahre
kommen noch

Norbert Röttgen

Deutschlands beste Jahre kommen noch

Warum wir keine Angst
vor der Zukunft haben müssen

Piper
München Zürich

Mehr über unsere Autoren und Bücher:
www.piper.de

ISBN 978-3-492-05289-4
© Piper Verlag GmbH, München 2009
Satz: seitenweise, Tübingen
Druck und Bindung: CPI – Clausen & Bosse, Leck
Printed in Germany

Inhalt

Vorwort

Dies ist kein Buch über die Finanzmarktkrise. Die Idee war bereits entstanden und der größte Teil der Arbeit zu diesem Buch getan, als es zum Ausbruch dieser Krise kam. Allerdings musste das bis zum Beginn der Finanzmarktkrise Formulierte auch nicht umgeschrieben werden. Das hat nichts damit zu tun, dass ich mich zu denjenigen zählen könnte, die schon vorher alles gewusst haben. Es liegt vielmehr daran, dass diese Krise nicht als ein isoliertes Phänomen ohne Zusammenhänge über uns gekommen ist. Die Finanzmarktkrise ist ein Produkt, das in einem ganz spezifischen, ursächlichen Zusammenhang entstanden ist, nämlich dem der Globalisierung. Als solches ist es eine zu einem Teil unerfreuliche, zum anderen Teil erfreuliche Bestätigung des Themas dieses Buches. Unerfreulich ist die Erfahrung, dass die politische Gestaltung der Globalisierung unausweichlich notwendig ist, wenn nicht die Menschen weltweit und besonders in den westlichen Gesellschaften immensen Schaden erleiden sollen. Die erfreuliche Erkenntnis der Krise liegt in der sichtbar gewordenen Möglichkeit und der politischen Entschlossenheit, den globalen Finanzmarkt als wichtigen Teil der Globalisierung zu gestalten.

Damit bin ich bei den Gründen, die mich veranlasst haben, dieses Buch zu schreiben. Ich möchte mit einer persönlichen Bemerkung beginnen. Dieses Buch entspringt einem Bedürfnis von mir als im Alltagsgeschäft operativ tätigen Politiker, eben dieses Alltagshandeln zu reflektieren, in seinen Begründungen und Zusammenhängen zu befragen und zu klären. Dazu bedarf es nicht unbedingt einer Buchveröffentlichung, vielmehr kann ein Politiker wie andere Berufstätige und Verantwortungsträger auch dies mit sich selbst ausmachen. Allerdings wird das persönliche Bedürfnis in dem Augenblick politisch, da ein Politiker seine Sicht der Zusammenhänge und seine Begründungen politischen Handelns öffentlich darlegt. Ich tue das hier bewusst, weil ich fest davon überzeugt bin, dass dies – die Vermittlung von Zusammenhängen und Begründungen konkreten politischen Handelns – die einzige reale und relevante Möglichkeit von Politikvermittlung überhaupt ist. Negativ ausgedrückt: Ich glaube, dass wir Politiker nur allzu oft in der Insider-Falle der Politikvermittlung sitzen. Je komplexer die Wirklichkeit wird, desto mehr müssen die Rückbindung politischer Entscheidungen an Grundsätze und Leitlinien sowie ihre Einordnung in Zusammenhänge offengelegt werden, wenn Politik und Politiker verstanden werden, Orientierung geben und Überzeugung schaffen wollen. Von der Begeisterung, ohne die Politik auf die Dauer emotional verkümmert, ganz zu schweigen.

Damit komme ich zu den inhaltlichen Anliegen, die dieses Buch motivieren. Das Buch beginnt mit dem Versuch, die Zeitenwende zu beschreiben, die die Globalisierung speziell für die Politik bedeutet. Angesichts der Komplexität des Phänomens und der kaum noch überschaubaren nationalen und internationalen Diskussion habe ich mich entschieden, im ersten Kapitel die aus meiner Sicht elementaren Bedingungen demokratischer Politik zu untersuchen, die zugleich durch die Globalisierung am stärksten in Frage gestellt sind: Sicherheit, Identität, Nationalstaat, Wohlstandsprivileg des Westens. Es sind insbesondere diese Lebensbedürfnisse, Lebensbezüge und Lebenserfahrungen, in denen die Menschen durch die Globalisierung Verunsicherung und Erschütterungen erfahren. Ich habe es für unerlässlich gehalten, diese Entwicklungen näher darzustellen, einen Teil der Diskussion, die hierzu in unserem Land und in den USA geführt wird, wiederzugeben, um so zu einem – sicher wertenden –»Befund« der Einwirkung von Globalisierung auf die Politik zu gelangen.

Auf der Grundlage dieses Befundes wende ich mich in den nachfolgenden Kapiteln der Frage zu, was die Globalisierung für die deutsche Politik konkret bedeutet. Drei grundlegende Einschätzungen durchdringen diesen Teil des Buches.

Erstens glaube ich, dass wir trotz allen Redens darüber noch nicht wirklich realisiert und angenommen haben, wie sehr die Globalisierung nicht nur unsere Kommunikation oder die Wirtschaft verändert, sondern mehr noch die Politik herausfordert und geradezu infrage stellt. Die Globalisierung erzeugt unter den Bürgern unseres Landes so verschiedene, ja gegensätzliche Lebenswelten, dass diese sich zum Teil nicht mehr berühren und sich nichts mehr zu sagen haben. Dadurch werden aber die notwendige gemeinsame Basis sowohl der politischen Diskussion als auch des Zusammenhalts in der Gesellschaft und damit die konstitutiven diskursiven und sozialen Prämissen unserer Demokratie von innen her ausgehöhlt. Die Frage, ob die Parteien eine Antwort darauf haben, wie wir in Zukunft wirtschaftlichen Erfolg und eine solidarische Gesellschaft miteinander verbinden, mit anderen Worten: ob es gelingt, das westliche Erfolgsmodell der Nachkriegsgeschichte in der Globalisierung fortzusetzen, ist der Fixpunkt, an dem sich unsere Parteienlandschaft neu orientieren wird. Das alte parteipolitische Links-Rechts-Schema aus der Weimarer Zeit wird von dieser neuen Orientierung zuerst überwölbt und dann verdrängt werden. Auch die Frage, ob CDU, CSU und SPD Volksparteien bleiben werden und Deutschland damit Volksparteien behalten wird, hängt von der Fähigkeit ab, diese Kardinalfrage zu beantworten. Als Erste, am stärksten und am sichtbarsten, ist die SPD von diesem Prozess erfasst.

Zweitens entspricht es meiner Beobachtung, dass die Parteien, die Politik und unsere Gesellschaft insgesamt den grundlegenden Herausforderungen und ihrem Infrage-gestellt-Sein nicht angemessen begegnen. Die Bürger spüren das, es verunsichert sie, die Politik irritiert oft mehr, als dass sie orientiert. Ähnlich der Finanzmarktkrise spüren die politischen Akteure, dass hier etwas zum Platzen kommen kann. Und hier sehe ich die Ursache, warum Unsicherheit und Angst ein so dominantes Grundgefühl in der Gesellschaft sind, wenn es um unsere Zukunftsperspektiven geht.

Meine dritte These besteht in einem kräftigen Aber: Aber es muss überhaupt nicht schlecht werden. Politik muss zwar anders werden, vielleicht grundlegender, als manch einer denkt. Aber entscheidend ist: Politik in Zeiten der Globalisierung, eine Gestaltung zum Guten ist möglich! Wir sind weder ausgeliefert noch ohnmächtig. Ich bin von dem Gegenteil überzeugt, dass nämlich die Globalisierung geradezu nach Politik und der ordnenden Gestaltung ruft und die Zeitenwende der Globalisierung eine hochgradig politische Zeit ist. Es liegt an uns, was wir daraus machen.

Dieses Buch gedanklich zu konzipieren hat mir Freude gemacht. Das Schreiben neben der politischen Tätigkeit in der spärlichen freien Zeit, die eigentlich der Familie gehören sollte, war eher quälend. Allen, die mir geholfen haben durch Gedankenaustausch – zum Teil seit langer Zeit –, durch Rat und Ideen oder auf andere Weise, danke ich herzlich. Es ist mir ein Anliegen, meinen Dank an dieser Stelle namentlich André Lieber, Dr. Mark Speich, Karl Lamers und Dr. Warnfried Dettling auszusprechen. Dankbar bin ich für die Erfahrung, die ich als Erstlingsautor mit dem Piper Verlag, insbesondere mit Ulrich Wank als Lektor machen durfte und über die ich nur das Erfreulichste berichten kann.

Meine Frau und meine Kinder haben mir erlaubt, mich an das Projekt heranzumachen. Ich glaube, dass sie nicht wussten, worauf sie sich eingelassen haben, sodass sich das Schreiben dieses Buches manchmal auch zu einer familiären Toleranzprobe entwickelt hat. Nicht nur für die Toleranz meiner Familie, sondern auch für den vielfältigen Ratschlag und die Motivation durch meine Frau gerade dann, wenn meine eigene Motivation erschöpft war, empfinde ich tiefen Dank.

Die Zeitenwende
der Globalisierung

Spätestens mit der Finanzmarktkrise hat sich »Globalisierung« vom Expertenthema zum Allgemeinthema in unseren Gesprächen und politischen Diskussionen entwickelt. Gleichwohl: Ihre Definition ist unscharf, ihre Wirkungen sind komplex und diffus, ihr Sympathiewert rangiert bei den meisten ziemlich weit unten. Was ist heute nicht alles Globalisierungsfolge oder wird als eine solche bezeichnet? Von der Spekulation an den Finanzmärkten bis zur Kinderarmut, vom religiösen Fanatismus bis zur Migration, vom Reiseboom bis hin zum Auftauchen »fremder« Gemüsesorten im Einkaufskorb – überall wird Globalisierung vermutet, auch wenn manche dieser Phänomene nur sehr weitläufig etwas damit zu tun haben. Aber der Begriff scheint eben vielschichtig und schillernd. Mit Globalisierung verbindet jeder etwas – und fast jeder etwas anderes.

Für die einen steht der Begriff für internationale Arbeitsteilung, sie denken also an die Textilfabriken in Vietnam und China, aus denen unsere T-Shirts stammen, sie denken an Software-Entwickler oder Finanzdienstleister im indischen Bangalore, die vielleicht gerade jetzt unser Sparkassenkonto verwalten. Sie denken natürlich auch an Handy-Hersteller, die ihre Produktion von Deutschland nach Rumänien verlagern, weil dort immer noch viel billiger produziert werden kann als hierzulande. Manchen Menschen ist dabei klar, dass die Globalisierung auch neue Kunden für deutsche Unternehmen bringt, von den Fans deutscher Premium-Fahrzeuge in Arabien, Russland oder Amerika bis hin zu den Maschinenkäufern in Asien. Die meisten sehen allerdings wohl eher nur den Abbau von Arbeitsplätzen.

Seit der Finanzmarktkrise verbindet wohl jeder die Globalisierung mit den internationalen Finanzströmen: mit der Integration nationaler Volkswirtschaften in den Weltmarkt, mit wachsenden gegenseitigen Abhängigkeiten, dem freien Fluss von Kapital und Wissen. Es gibt Menschen, die beim Wort Globalisierung sofort auf das Internet zu sprechen kommen und auf den ungeheuer schnellen, gewissermaßen grenzenlosen Austausch von Ideen und Bildern. Wieder andere denken bei Globalisierung an Macht und Ohnmacht, an die G8, die UNO, vielleicht auch an Attac, die wichtigste der global agierenden Organisationen der sogenannten Globalisierungsgegner, die leider viel zu oft mit dummer Gewalt und viel zu selten mit klugen Analysen in Verbindung gebracht werden.

Der Begriff Globalisierung ist aber nicht nur schillernd, sondern – zumal in Deutschland – zutiefst emotional aufgeladen. Globalisierung steht für sehr viele Menschen bei uns für den drohenden Verlust des Arbeitsplatzes und ihrer materiellen Sicherheit. Sie glauben, der Entwicklung nichts entgegensetzen zu können und ohnmächtig ausgeliefert zu sein. Es gibt aber auch in Deutschland Menschen, denen Globalisierung eine Verheißung ist: fast ungeahnte Möglichkeiten der individuellen Entfaltung, des materiellen Gewinns, der wirtschaftlichen Chancen. Sie sind jedoch in der Minderheit.

All dies kommt uns in den Sinn, wenn über Globalisierung gesprochen wird. Kaum gesprochen wird über die

Wucht der Veränderung, die von der Globalisierung auf die Politik einwirkt. Dabei bedeutet der Übergang vom Nationalen zum Globalen als Wirklichkeitsbezug nichts weniger als eine fundamentale Veränderung, nämlich die Auflösung von bisherigen Bedingungen demokratischer, nationaler Politik.

Die Symptome dieser Veränderung sind unübersehbar und unbestreitbar. Zu ihnen zählt das Abschmelzen der Parteien, aber auch anderer politischer Organisationen wie der Gewerkschaften. Hunderttausende von Bürgern haben ihrer Partei oder ihrer Gewerkschaft innerhalb der vergangenen Jahre den Rücken gekehrt. Die abnehmende Bindungskraft drückt sich spiegelbildlich zu diesem Abschmelzen in der Zunahme der im Parlament vertretenen Parteien aus. Der Deutsche Bundestag hat sich von einem Drei-Fraktionen-Parlament, das er über Jahrzehnte war, zu einem Fünf-Fraktionen-Parlament entwickelt. Über Jahrzehnte standen die Volksparteien CDU/CSU und SPD für rund 90 Prozent der Wählerstimmen; bei der letzten Bundestagswahl waren es nur noch rund 70 Prozent. Die SPD als älteste Volkspartei des Landes befindet sich möglicherweise in einem historischen Auflösungsprozess, zumindest was ihren Status als Volkspartei betrifft. Jedenfalls tragen ihre geistige und personelle Auszehrung alle Anzeichen einer solchen Entwicklung. Gleichzeitig gibt es erstmals in der Geschichte des Landes eine bundesweite Resonanz für eine populistische und nicht auf Wahrnehmung von Verantwortung ausgerichtete Partei wie die Linke, die sich an den Ängsten des Umbruchs nährt und nebenbei die SPD zerstören möchte. Dass eine solche Schwächung und Zersplitterung der Parteienlandschaft auch auf die Regierungsbildung Auswirkungen haben wird, wenn sich diese Phänomene etablieren, liegt auf der Hand. In dem Maße, in dem die Volksparteien die Fähigkeit einbüßen, eine kleine Koalition zu bilden, wird die demokratische Wunschkonstellation einer relativ knappen, inhaltlich einigermaßen konsistenten Regierungsmehrheit, der eine starke Opposition gegenübersteht, unwahrscheinlicher. Damit sind sowohl die Stabilitätskultur als auch die demokratische Streitkultur von Rede und Widerrede auf Augenhöhe, wie wir sie über Jahrzehnte entwickelt haben, gewohnt waren und die auch nach außen als politische Markenzeichen unseres Landes wahrgenommen wurden, infrage gestellt.

Dass sich diese institutionelle Entwicklung in der Zersplitterung des politischen Diskurses des Landes ausdrückt, kann nicht überraschen. Wann hat es die letzte große politische Debatte in Deutschland gegeben? Kann es solche, zumindest einen größeren Teil der Bevölkerung ergreifenden Debatten ungeachtet ihrer demokratischen Wünschbarkeit noch geben, wenn die Bevölkerung selbst immer individueller und heterogener wird? Oder ist nicht eben die Atomisierung des politischen Diskurses in unzählige Einzel- und Spezialdiskussionen eine politische Folge der sozial-kulturellen Individualisierung und der Pluralisierung von Lebensstilen, -führungen und -werten?

Fest steht, dass all diese Fragen sich deshalb stellen, weil mit der Globalisierung etwas weggefallen ist, worauf die Politik in der zweiten Hälfte des 20. Jahrhunderts unter Einschluss ihrer kulturellen und diskursiven Prämissen wesentlich beruhte: Grenzen.

Es war zunächst die Grenze zwischen Ost und West. Als vor 20 Jahren das Reich der Sowjetunion auseinanderzufallen begann, wurde einer der engsten Berater

Michail Gorbatschows, der Amerika-Experte Georgij Arbatow, von einem amerikanischen Journalisten gefragt, was der Kreml denn eigentlich vorhabe. Arbatow antwortete mit einem sehr weitsichtigen Wort: »Wir werden euch etwas Furchtbares antun«, sagte er. »Wir werden euch euren Feind nehmen.« Heute dämmert uns, was Arbatow gemeint hat und – nebenbei – welch tiefes Verständnis für die Legitimationsmechanismen der westlichen Gesellschaften Arbatow mit seiner Antwort bewiesen hatte.

Als Nächstes gab es die Grenzen der nationalen Volkswirtschaft. Diese Grenzen vermittelten über Jahrzehnte die ununterbrochene Erfahrung wirtschaftlichen Aufstiegs und permanenter Zuwächse. Vor allem galt das nicht nur für die Volkswirtschaft insgesamt oder nur für einige wenige Akteure, sondern praktisch für alle, die mitmachten.

Und schließlich gab es die Grenzen des Nationalstaates. Innerhalb dieser Grenzen herrschte ein starkes Vertrauen in die Machbarkeit schlechthin, in die Lösbarkeit von Problemen sowie in die Leistungsfähigkeit zur Befriedigung immer neuer Ansprüche an den Staat. Honoriert wurde dies mit demokratisch-institutioneller Anteilnahme; das demokratische System funktionierte.

Kein vernünftiger Mensch wünscht sich diese Grenzen zurück. Und dennoch: Es sind damit gleichzeitig die Erfolgsbedingungen deutscher Politik und die der westlichen Politik in den ersten 50 Jahren nach dem Zweiten Weltkrieg, die nun nicht mehr existieren. Die Entgrenzung – denn das bedeutet in einem umfassenden Sinn Globalisierung – hat sie aufgehoben. Das ist die Zeitenwende, die der Politik von der Globalisierung beschert wurde.

I
Das ist Globalisierung. Unter anderem

Eine Stichwortsuche »Globalisierung« in einer der gängigen Internet-Suchmaschinen führt in aller Regel zu mehreren Millionen Ergebnissen. Fügt man den Begriff »Deutschland« hinzu, erhält man immerhin noch über eine Million elektronischer Verweise. Zum Vergleich, eine Suche mit dem englischen »globalization« produziert bis zu 30 Millionen Treffer, das französische »mondialisation« knapp zehn Millionen Treffer und eine Suche nach dem chinesischen »quan qiu hua« – wörtlich übersetzt »Alle-(Welt-)Kugel-Kultur« – sogar weit über zehn Millionen sogenannter Hits. Diese Auflistung könnte man ohne Weiteres mit vielen anderen Sprachen fortsetzen, doch ein wesentliches Ergebnis steht jetzt schon fest: Der Begriff »Globalisierung« hat in den vergangenen Jahren weltweit eine bemerkenswerte Popularisierung erfahren.

Was aber ist Globalisierung, und was meinen wir wirklich, wenn wir von ihr sprechen? Aufbauend auf dem lateinischen Begriff »globus« für die Kugel beschreibt die Globalisierung eine fortschreitende Integration und Vernetzung von Gesellschaften und Volkswirtschaften auf den unterschiedlichsten Gebieten. Dieser Prozess hat sowohl den weltweiten Austausch von Waren als auch die Kultur, die Musik, die Medien, die Wissenschaft und nicht zuletzt die Politik erfasst. Der häufig synonym verwendete Begriff der ökonomischen Globalisierung steht demzufolge für eine umfassende Erschließung und Integration in die Weltwirtschaft mit den Phänomenen der Handelsintensivierung und stark ausgeprägter Arbeitsteilung beziehungsweise Spezialisierung. So die Definition der von der Internationalen Arbeitsorganisation (ILO) eingesetzten Weltkommission über die soziale Dimension der Globalisierung. Ursprünglich wirkt der Begriff der Globalisierung mindestens in zweifacher Hinsicht, denn er bezieht sich sowohl auf den globalen (Gestaltungs-)Raum als auch auf die globale Natur seiner Themen, die alle Aspekte des politischen, wirtschaftlichen, kulturellen und sozialen Lebens umfassen. Es kann demzufolge nicht allzu sehr überraschen, dass es mittlerweile wohl kein Thema mehr gibt, das noch nicht mit der Globalisierung in Verbindung gebracht wurde. Dabei besitzt der Globalisierungsbegriff eine andere Qualität als das, was man üblicherweise als Internationalisierung kennt. Wenn man sich Letzteres als »Zwischennationalisierung« übersetzt, wird klar, dass Internationalisierung zwar den Kontakt zwischen zwei oder mehreren Ländern beschreibt – also zum Beispiel den deutsch-britischen Handel oder die Migration zwischen diesen beiden Ländern. Über die Qualität dieser Kontakte und die Veränderungspotenziale zukünftiger Interaktion sagt der Begriff dagegen kaum etwas aus.

Darüber hinaus hat der Grad der weltweiten Integration und Vernetzung, angetrieben durch wachsende, grenzüberschreitende Güter-, Geld-, Informations- und Menschenströme, einen globalen Neuordnungsprozess in Gang gebracht, der uns noch lange Zeit begleiten wird und dessen Ergebnisse heutzutage nur in Umrissen erkennbar sind. Unsere Art, zu regieren und zu regulieren, unterliegt vor allem auf der Ebene der Nationalstaaten einem immensen Veränderungsdruck, wenn international neue Formen der Normsetzung und der Kontrollmöglichkeiten entstehen. Wenn sich beispielsweise mehr als 40 internationale Städte von Addis Abeba über Schanghai bis Warschau in einer Klimainitiative zu gemeinsamem Handeln verpflichten, dann wird diese neue Gestaltungsmacht eindrucksvoll in Szene gesetzt. Mit der Globalisierung sind verstärkt sub- und supranationale Effekte hinzugekommen – nicht selten sogar in Kombination miteinander. Deutschland und seine Partner in aller Welt stehen sich nicht mehr als völlig autonome, voneinander unabhängige Staaten, Volkswirtschaften, Gesellschaften und Kulturen gegenüber, sondern sind intensiver als jemals zuvor in Strukturen, Institutionen und durch Handlungen miteinander verbunden: Wir sind politisch in die EU eingebunden, was eine rechtliche und legislative Vereinheitlichung nach sich zieht, wir haben es mit gleichzeitig global und lokal agierenden Unternehmen, Finanzinstitutionen und zivilgesellschaftlichen Akteuren zu tun, wir erleben weltweite kulturelle Strömungen. Die Beobachtung, dass man hier und da auf die gleichen Markennamen stößt und dass man von Seattle bis New Delhi Kaffee trinkt, der auf italienische Art aufgebrüht und in amerikanischen Ketten verkauft wird, verleitet zahlreiche Kommentatoren zu einer fragwürdigen Gleichsetzung von Globalisierung mit Verwestlichung. Populistische Warnungen vor einer McWorld und einer kulturellen Monokultur bringen Aufmerksamkeit, aber keine Erkenntnis. Im Gegenteil, sie entfachen Ressentiments, stiften allgemeine Verwirrung und tragen auf ihre Weise zu einem Gefühl der Ohnmacht und der Überforderung bei.

Über den globalen Neuordnungsprozess hinaus ist die Globalisierung ein Prozess mit neuen, wechselnden

Abhängigkeiten. Dabei ist Globalisierung keine neuzeitliche Entwicklung des 19. oder des 20. Jahrhunderts. Menschen und Nationen vernetzen sich schon seit Jahrhunderten und stoßen so neue wirtschaftliche, soziale, technische und kulturelle Prozesse an. Allenfalls könnte man rückblickend von unterschiedlich starken Globalisierungswellen reden, um der im Zeitverlauf schwankenden Intensität dieser Kontakte und Netzwerke gerecht zu werden. Globalisierungstendenzen hat es historisch sicher in unterschiedlichen Intensitäten gegeben. Es hat Phasen gegeben, in denen die Internationalisierung und Vernetzung der Wirtschaft zurückgeworfen wurden – so etwa zur Zeit des Ersten Weltkriegs –, aber die umgekehrte Richtung hat Globalisierung nie genommen. Mit Blick auf das ausgehende 20. Jahrhundert könnte man demzufolge vielleicht von einer besonders intensiven Periode der Vernetzung reden, die maßgeblich auf den Ausbau moderner Informations- und Kommunikationsmedien zurückzuführen ist und dazu geführt hat, dass sich unser Verhältnis zur Distanz fundamental geändert hat. Der indische Wirtschaftsnobelpreisträger Amartya Sen hat diesen historischen Zusammenhang in einem Beitrag mit dem Titel »How to Judge Globalism« sehr anschaulich beschrieben. Reisen, Handel, Migration, ineinander verwobene kulturelle Einflüsse und die Verbreitung von Wissen und Verständigung – nicht zuletzt über Wissenschaft und Technik – prägen die Menschheit bereits seit Tausenden von Jahren. Als Beispiele nennt er neben der Erfindung des Papiers und des Kompasses auch die Mathematik, deren grundlegende Konzepte von Indien ausgehend über den arabischen Raum im 10. Jahrhundert nach Europa gelangt seien. In der Realität ist die Globalisierung also weder eine kulturelle noch eine politische oder wirtschaftliche Einbahnstraße.

Wir müssen uns von der naiven Vorstellung verabschieden, dass dieser Prozess nur eine Richtung kennt – nämlich vom reichen Norden in den armen Süden. Jede historische Beschreibung der Globalisierung, die mit der Renaissance, dem Zeitalter der Aufklärung oder der Industrialisierung Europas beginnt, greift nicht nur inhaltlich ins Leere, sondern offenbart auch ein hohes Maß an eurozentrischer Selbstbezüglichkeit und Selbstüberschätzung. Allerdings war unsere deutsche Wahrnehmung über viele Jahre hinweg vornehmlich auf diese »Außenperspektive der Globalisierung« (Deutschlands Rolle und Einfluss in der Welt) konzentriert. In dem scheinbar sicheren Wissen um die Qualität und die internationale Wettbewerbsfähigkeit des deutschen Systems erschien die Globalisierung als eine willkommene Chance für weiteres wirtschaftliches Wachstum und die Vermittlung deutscher Ideen, Konzepte und Errungenschaften in aller Welt. Wenn von der Gestaltung der Globalisierung die Rede war, dann vor allem mit Blick auf die sich wandelnden Schwellen- und Entwicklungsländer. Die außerordentliche Vehemenz, mit der sich nun die lange Zeit vernachlässigte »Binnenperspektive der Globalisierung« (Rolle und Einfluss der Welt auf und in Deutschland) zurückgemeldet hat, erklärt unter Umständen die überaus negativen öffentlichen Reaktionen auf die Globalisierung in Deutschland. Die Globalisierung zwingt uns vielfach, überlieferte Routinen und Lösungen infrage zu stellen. Unser Alltag wird komplexer, die Ansprüche steigen und die Unsicherheit wächst. Dieser Prozess kennt gerade in Ländern mit einem vergleichsweise hohen Wohlstandsniveau neben Gewinnern und

Gewinnen auch Verlierer und Verluste, die nicht zuletzt psychischer Natur sind, weil sie den Verlust elementarer Lebensgewissheiten einschließen. Die Forderung, die Globalisierung menschlich zu gestalten, beschreibt deshalb nicht nur den internationalen Handlungsmaßstab, sondern auch eine nationale Aufgabe. Wie zwiespältig dieser Zusammenhang sein kann, verdeutlichen aktuelle Umfragen, in denen ein Großteil der Deutschen die Übernahme einer deutschen Firma durch einen ausländischen Investor grundsätzlich ablehnt. Gleichzeitig haben deutsche Investoren und Firmen über 600 Milliarden Euro in ausländische Firmen in der ganzen Welt investiert, um ihre eigene Wettbewerbsfähigkeit zu sichern und neue Märkte zu erschließen. Knapp fünf Millionen ausländische Beschäftigte hängen an diesen deutschen Investitionen.

Die ausgeprägte deutsche Globalisierungsskepsis lässt sich auch damit erklären, dass die Dynamik einer sich intensivierenden Vernetzung und Integration zu einem gewissen Grad als unkontrollierbar empfunden wird. Einzelne Gesellschaften können sich ihr schließlich nur unter sehr hohen sozialen wie wirtschaftlichen Kosten entziehen. Doch das sollte nicht darüber hinwegtäuschen, dass es sich bei der heutigen Phase der Globalisierung um eine von Menschen gemachte Geschichte voller Umbrüche, Ungereimtheiten und offener Widersprüche handelt. Globalisierung ist zwar auf jeden Fall eines unserer Schicksalsthemen, aber deshalb noch lange nicht unser Schicksal.

Ein weiterer Wirtschaftsnobelpreisträger, der streitbare Paul Krugman, hat vor knapp zehn Jahren in einem Artikel mit dem Titel »Why Germany Kant Kompete« (sic!) über das seiner Ansicht nach sehr deutsche Bedürfnis nach kategorischen Imperativen und klaren, unverrückbaren Prinzipien spekuliert. Erfolgreiche Volkswirtschaften, so Krugman weiter, müssten sich dagegen pragmatisch und flexibel den jeweiligen Gegebenheiten anpassen. Die neue Faustregel laute dementsprechend »Flexibilität schlägt Disziplin«. So sehr ich Krugmans Pointe auch zu schätzen weiß, die wirklichen Herausforderungen der Globalisierung lassen sich jedoch nicht so einfach in Kategorien wie flexibel/diszipliniert, alt/jung, arm/reich, Markt/Staat, lokal/global, Natur/Technik, Inländer/Ausländer, Manager/Angestellter gegeneinander ausspielen. Der von der Globalisierung ausgelöste Wandel schlägt sich nicht nur in Zahlen wie dem Pro-Kopf-Einkommen oder steigenden Patentanmeldungen im Hochtechnologiebereich nieder, sondern berührt auch ausgesprochen nichtökonomische Lebensbereiche – oftmals auf sehr paradoxe und widersprüchliche Art und Weise. Eine Erkenntnis, die in den bisherigen Diskussionen meiner Ansicht nach viel zu kurz gekommen ist.

Die Globalisierungsdebatte, die ihren Namen verdient, unterscheidet sich in dieser Hinsicht sehr deutlich von der immer wiederkehrenden Debatte über den (Wirtschafts-)Standort Deutschland. Denn in der Standortdebatte bleibt am Ende kaum noch Raum für politische und demokratische Mitsprache – übrigens weder für die Politik noch für die Bürger. Nach dem Motto »Freiheit ist da, wo Politik aufhört« werden Entscheidungsprozesse gezielt entpolitisiert oder konsequenterweise gleich ganz durch wirtschaftliche Kennziffern ersetzt. Eine solche Vorgehensweise erscheint mittlerweile nicht nur mir angesichts der aktuellen Herausforderungen für unser Land als unzureichend und zum Scheitern verurteilt.

Wenn man immer nur verbessert oder optimiert, was man ohnehin schon gut kann, verliert man leicht den Blick für das große Ganze und verpasst unter Umständen wichtige neue Entwicklungen und Impulse. Eine Strategie der puren Anpassung, womöglich auf Druck anderer, hat keine Zukunft – weder in Deutschland noch in irgendeinem anderen Land auf dieser Welt. Natürlich müssen und wollen wir uns immer wieder von Neuem anstrengen, um unsere jeweiligen Aufgaben ein Stück besser zu erledigen. Jede Erzieherin möchte den von ihr betreuten Kindern ein noch ansprechenderes Lernumfeld bieten, jeder Facharbeiter möchte die Qualität seiner Arbeit steigern, und jede Unternehmerin möchte mit ihren Dienstleistungen und Produkten ihre Kunden noch zufriedener machen. Ich selbst möchte, dass wir als Deutsche und als Europäer allen Grund haben, wieder mit Zuversicht und im Glauben an uns selbst in die Zukunft zu blicken. In der Sprache und mit den Instrumenten der Unternehmensberater und Wirtschaftsprüfer werden wir diesen Herausforderungen jedenfalls nicht gerecht werden können. Eine tragfähige Zukunftsperspektive baut stattdessen vor allem auf die Rahmenbedingungen gelingender menschlicher Existenz.

Wir erleben jeden Tag aufs Neue, wie das Zusammenfinden, aber auch das Zusammenstoßen unterschiedlicher politischer, wirtschaftlicher und kultureller Kräfte zutiefst ambivalente Entwicklungen fördert. Während einerseits neue Kommunikations- und Informationstechnologien vieles erst ermöglicht haben, schaffen sie andererseits Raum für gewollte und ungewollte Missverständnisse. Allen frühen Euphorien zum Trotz hat die Globalisierung eben auch das Potenzial, den gesellschaftlichen Zusammenhalt zu unterlaufen und zu gefährden.

In der aktuellen Globalisierungsdebatte wird vieles behauptet. Zum einen heißt es, dass die Globalisierung weltweiten Wohlstand in einem bisher unbekannten Maßstab ermöglicht habe. Zum anderen wird sie für rasant steigende Einkommensunterschiede und die weltweite Erosion von Umwelt- und Sozialstandards verantwortlich gemacht. Aus dieser Widersprüchlichkeit der Folgen globalisierter Prozesse kann man eigentlich nur einen sicheren Schluss ziehen: Die Globalisierung ist eine Grundsatzfrage ohne einfache Antworten. Wer die Globalisierung und ihre Folgen für Deutschland ernsthaft diskutieren will, muss sich deshalb auch auf eine prinzipielle Diskussion über die Fundamente unserer Gesellschaft einlassen. Jenseits aller Parteipolitik wird die Globalisierung auf lange Sicht ein Grundsatzthema und ein Grundsatzstreit bleiben.

Globalisierung findet fast überall Widerspruch – berechtigten und unberechtigten. Dabei fällt allerdings auf, dass sich die Kritik im Kern oftmals auf primär nichtökonomische Aspekte wirtschaftlichen Handelns bezieht. Als Beispiele könnte man hier stellvertretend die Debatten über persönliche Identität, staatliche Souveränität oder soziale Gerechtigkeit nennen. Ein Großteil dieses Widerspruchs liegt naturgemäß in der holistischen Natur des Globalisierungsbegriffs selbst begründet. Auch Ökonomie kann und sollte nicht nur ökonomisch begründet werden. Es ist wiederum Amartya Sen, der diese Problematik in seinem Buch *Ökonomie für den Menschen* aufgegriffen hat und schlüssig darlegt, wie man Entwicklung als die Erweiterung von Freiheiten und Verwirklichungschancen des Einzelnen definieren kann. Sen nennt eine ganze Reihe von grundlegenden Freiheiten – angefangen bei wirtschaftlichen Möglichkeiten über politische Freiheiten, den Zugang zum Bildungs- und Gesundheitssystem, Transparenz und Vertrauen bis hin zu sozialer Absicherung und einem Sicherheitsnetz, das extreme Not und Armut verhindert. Auf die aktuelle Globalisierungsdebatte übertragen bedeutet dies nichts anderes, als dass Industrie- und Schwellenländer beide von einer Teilhabe an der Weltwirtschaft profitieren können, wobei diese Teilhabe nicht automatisch den gleichen wirtschaftlichen Gewinn garantiert. Um von der Globalisierung in vielerlei Hinsicht zu profitieren, muss vielmehr jedes Land sein eigenes Globalisierungsgleichgewicht finden, das von einer breiten Bevölkerungsmehrheit getragen wird. Genau an diesem Punkt setzt eine handlungsorientierte und handlungsfähige Politik in Zeiten der Globalisierung an.

Fest steht, dass die Globalisierung keineswegs zu einer monotonen Entwicklung und weltweiten Anpassung führen muss. Während vielleicht eine globalisierte Stadt wie Hamburg in Zukunft sehr viel mehr Gemeinsamkeiten mit ihrer chinesischen Partnerstadt Schanghai teilen wird, entwickeln und verstärken sich andernorts regionale oder lokale Unterschiede. Wenn die Globalisierung also vor allem eines von uns fordert, dann ist es das Bemühen um Profilbildung, nach einer Bestimmung des eigenen Standorts. Sie schreibt uns dabei aber keinesfalls vor, wie dieser persönliche oder nationale Standort auszusehen hat.

Aus unserer Geschichte wissen wir, dass jeder gegenwärtige und zukünftige Fortschritt auf dem Vertrauen einer Gesellschaft beruht, sich offen und vorausschauend mit Veränderungsprozessen zu beschäftigen. Stimmige Anreizsysteme und effiziente Institutionen sind ohne Zweifel wichtige Schlüsselfaktoren moderner Gesellschaften. Doch noch entscheidender ist die Art und Weise, wie Menschen mit diesen Anreizen und Regeln im Alltag umgehen, also in ihren Gefühlen, ihren Einstellungen und ihren Mentalitäten. Um besser nachvollziehen und verstehen zu können, wie es um diese emotionale Bewältigung der Globalisierung steht, lohnt sich ein tiefer gehender Blick auf drei prägende Schlüsselerfahrungen im Zeitalter der Globalisierung: die neuen Risikowelten und unser Bedürfnis nach Sicherheit, der kulturelle Pluralismus und unsere Sehnsucht nach Identität, die transnationalen Wirklichkeiten und die Beharrungskräfte nationalstaatlicher Politik.

II
Macht die Globalisierung alles unsicher?

Seit den 1950er-Jahren gehört es in der Bundesrepublik Deutschland zu den Selbstverständlichkeiten des Lebens, als Individuum am wirtschaftlichen Erfolg des Landes teilzuhaben. Diese Garantie wurde uns gewissermaßen unausgesprochen in die Wiege gelegt: dass jede Generation – wenn vielleicht auch nicht jeder Einzelne, so doch die ganz große Mehrheit – in materiell besseren Verhältnissen leben werde als die Generation vor ihr. Von den Höchst- bis zu den Geringqualifizierten im Land wuchs die weit überwiegende Mehrheit der Menschen mit der Aussicht auf, das materielle Vermögen ihrer Familie vergrößern zu können. Die einzige Voraussetzung schien, dass man ein Mindestmaß an Bildungs- und Leistungsbereitschaft einbringt, von tragischen Schicksalsschlägen verschont bleibt – und die deutsche Volkswirtschaft in einigermaßen ruhigen Gewässern und auf gewohntem Wachstumskurs bleibt. Und wirklich: Das westliche Nachkriegsdeutschland hat sich seit den 50er-Jahren vom Motorrad über den Kleinwagen zum Mittel- oder Oberklassewagen hinaufgearbeitet, in vielen Fällen vom Kleingarten zum Häuschen im Grünen, von den Ferien zu Hause zum Urlaubsflug in den Süden. Die Garantie ist im Großen und Ganzen eingelöst worden.

Ganz ähnliche Automatismen prägten lange auch das Verhältnis von Unternehmen und Angestellten. Bei allen individuellen Unterschieden und strukturellen Konflikten: Wenn Arbeiter und Angestellte ordentlich arbeiteten und ihr Unternehmen voranbrachten, konnten sie in aller Regel erwarten, dass ihr Arbeitsplatz und ihr Einkommen auf Dauer sicher waren. Viele Menschen blieben ihrem Arbeitgeber für ihr ganzes Arbeitsleben treu – und umgekehrt. Wenn ein Unternehmen eine schwierige Phase durchlitt, war Arbeitsplatzabbau vielleicht das Rettungsmittel der letzten Wahl. Aber niemandem wäre eingefallen, einen derartigen Abbau zu einer betriebswirtschaftlichen Routine zu machen.

Und weil das so war, ist die Verbindung zwischen dem Erfolg der Volkswirtschaft, der einzelnen Unternehmen und der Menschen selbst zu einer Selbstverständlichkeit in Deutschland geworden. Ich möchte sogar behaupten, dass diese Teilhabe eine der fundamentalen Erfolgsbedingungen der Entwicklung in der Bundesrepublik Deutschland gewesen ist. Sie hat die Kohärenz, den inneren Zusammenhalt der Gesellschaft geschaffen, der in der ersten deutschen Demokratie, der Weimarer Republik, so schmerzlich gefehlt hat. Dieser Zusammenhalt wurde weiter dadurch gestärkt, dass im Notfall ein Sozialsystem bereitstand, das aufgrund der allgemeinen volkswirtschaftlichen Zuwächse dem Einzelnen die existenzielle Lebenssicherung – und nicht selten sogar mehr – garantieren konnte. Der kräftig ausgebaute Wohlfahrtsstaat kümmerte sich. Wer ins soziale Netz fiel, dem war zumindest für eine Weile auch der gesellschaftliche Status gesichert.

Und heute? Das Band zwischen dem wirtschaftlichen Erfolg des Landes und der individuellen Teilhabe am Wohlstand ist in der alten Form und Belastbarkeit zerrissen. Beachtliche Teile der Bevölkerung haben nicht nur das Gefühl, es entspricht vielmehr auch ihrer realen wirtschaftlichen Lage, am wirtschaftlichen Aufschwung in der Bundesrepublik nicht partizipiert zu haben. Das Wirtschaftswachstum komme nicht an in den Portemonnaies, ganz im Gegenteil, man müsse sich einschränken gegenüber früheren Zeiten, lautet der Befund. Noch öffnet sich die Schere in Deutschland – gerade bei den Sekundäreinkommen, also den Einkommen nach Umverteilung durch Steuern und Abgaben – langsamer als in vielen anderen OECD-Staaten (Organisation für wirtschaftliche Zusammenarbeit und Entwicklung). Und dennoch gibt es schon heute weit über die Gruppe der sogenannten Geringqualifizierten hinaus die Sorge, von künftigen Wohlstandsentwicklungen abgekoppelt zu werden. Erfahrungen wie die rasant und exorbitant gestiegenen Energie- und Benzinpreise im Sommer des vergangenen Jahres speisen solche Sorgen.

Weder die Wirtschaft noch eine ernst zu nehmende Politik garantiert angesichts dieser Entwicklungen noch die Verlässlichkeit persönlicher wirtschaftlicher Zuwächse. Entstanden ist dabei eine Leerstelle: Die Sorge einer wachsenden Zahl von Bürgerinnen und Bürgern, Vermögenseinbußen hinnehmen zu müssen, bleibt weitgehend unbeachtet.

Wenn man nach den tiefer liegenden Gründen für die verbreitete negative und pessimistische Einstellung der Deutschen gegenüber der Globalisierung sucht, stößt man rasch auf den Begriff des Risikos und die folgende Argumentation: Die Deutschen gehörten zwar ganz ohne Zweifel zu den (wirtschaftlichen) Gewinnern der Globalisierung, doch dominiere hierzulande die Wahrnehmung, die in der Globalisierung hauptsächlich ein Risiko für deutschen Wohlstand und Sicherheiten sehe.

Diese ausgeprägte Skepsis lasse sich wiederum vor allem damit erklären, dass sich die Mehrheit der Deutschen erst ab den späten 1990er-Jahren eine Meinung zur Globalisierung gebildet habe, also in einer Phase ausgeprägter wirtschaftlicher Stagnation, Rekordarbeitslosigkeit und Lohnkürzungen. Während die Nachkriegsgesellschaft also stellvertretend für garantierte individuelle Teilhabe am volkswirtschaftlichen Erfolg stand, ist die Globalisierung zum genauen Gegenstück mutiert. Beflügelt von einer um sich greifenden Abstiegsangst wird so aus dem Hochlohnland Deutschland im Handumdrehen ein gefühltes Hochrisikoland – quer durch alle Bevölkerungs- und Einkommensschichten.

An Politik und Wirtschaft wird von diesem Standpunkt aus der Vorwurf gerichtet, mit Verweisen auf sich ändernde globale Kraft- und Machtverhältnisse zahlreiche Reformkonzepte gegen breiten öffentlichen Widerstand durchgesetzt zu haben. Die mitunter sehr einseitige Wahrnehmung der Globalisierung als existenzielle Bedrohung wird somit zu einer Nebenwirkung des deutschen Reformeifers verklärt. Der Globalisierungsbegriff taugt unter diesen Voraussetzungen nur noch als Etikette und Chiffre für sozial- und wirtschaftspolitischen Kahlschlag, völlig inhaltsentleert dient er als pure Drohkulisse der sogenannten Mächtigen. Wir sind wieder angekommen beim Motiv des Gegeneinander-Ausspielens einzelner Gruppierungen und Institutionen, der Belegschaft im Werk A gegen die Kollegen im Werk B, der Standards und Regeln in Staat A gegen die in Staat B. Der Soziologe Ulrich Beck – einer der Vordenker der Risikogesellschaft – nimmt diesen Gedanken explizit auf, wenn er die Globalisierungsrisiken, bildlich gesprochen, als Peitsche interpretiert, mit der die Gegenwart auf Trab gebracht werden könne. Nicht mehr die wirklichen Folgen der Globalisierung in und für Deutschland dominierten unseren öffentlichen Diskurs, sondern die dramaturgische Inszenierung eines allgegenwärtigen Globalisierungsrisikos. Als ideologische Drohkulisse stelle die Globalisierung am Ende einfach alles infrage, unsere Gewerkschaften, unseren Wohlfahrtsstaat und nicht zuletzt die Fundamente souveräner nationalstaatlicher Politik. Auch wenn nicht alle Deutschen diese Einschätzung uneingeschränkt teilen mögen, setzt sich doch der Eindruck fest, dass unsere persönliche Einstellung zur Globalisierung ganz wesentlich von unserem Risikoempfinden beeinflusst wird. Für einen Großteil der Deutschen stehen jedenfalls die Risiken der Globalisierung eindeutig im Vordergrund.

Nun wird von vielen Seiten in regelmäßigen Abständen gefordert, man müsse nur die Vorteile der Globalisierung für den Einzelnen besser als bisher hervorheben und erklären, und schon würde sich die Stimmung aufhellen. Ich bin mir nicht sicher, ob eine solche Kampagne »Pro Globalisierung« wirklich etwas zum Positiven verändern würde. Keine Frage, mehr und bessere Informationen sind in jeder Gesellschaft von elementarer Bedeutung. Doch im Fall der Globalisierung geht es meiner Einschätzung nach weniger um die konkreten Auswirkungen als vielmehr um die Sorge eines wachsenden Teils der Bevölkerung, keinen aufmerksamen Ansprechpartner mehr in der Wirtschaft und der Politik zu haben. Eine Strategie des erhobenen Zeigefingers nach dem Motto »Wir wissen besser als ihr, worum es bei der Globalisierung in Wirklichkeit geht« nimmt diese Sorgen jedenfalls nicht ernst. Im Gegenteil, sie verschärft möglicherweise die Lage und liefert gleichzeitig Gründe für eine noch intensivere

Ablehnung der Globalisierung. An dieser Stelle möchte ich wiederum die multidimensionale Kraft der Globalisierung und des Risikos hervorheben. Wie so vieles wird auch das Risiko oftmals als ausschließlich wirtschaftliches Risiko wahrgenommen, andere Facetten kommen, wenn überhaupt, nur am Rande vor. Diese unnötige Einengung ist einer der wesentlichen Gründe für den späteren Mangel an Handlungsalternativen. Denn wenn ich Risiko nur wirtschaftlich begründe und interpretiere, kann ich es auch nur wirtschaftlich gestalten. Wo sollte man stattdessen ansetzen?

Jeder Veränderungsprozess kennt Verlierer. Diese schlichte Tatsache gilt es weder zu verdrängen noch zu leugnen. Verlierer haben vielmehr ein Anrecht auf gesellschaftliche Solidarität, die ihnen bestenfalls neue Wege zur Teilhabe eröffnet. Jede politische Strategie mit Erfolgsaussichten muss gerade mit Blick auf die neuen Risiken der Globalisierung einen ehrlichen Dialog mit den wirklichen und den vermeintlichen Verlierern suchen und beide Gruppen energischer und zielgerichteter als bisher ansprechen. Das relativ willkürliche und unbegründete Zusammenfassen von Individuen und Einzelschicksalen zu vermeintlich homogenen Gruppen ist in dieser Hinsicht mehr als kontraproduktiv. Konkret: Wenn von den Vorteilen der Globalisierung die Rede ist, dann fast nur in allgemeinen Kategorien. Die Rede ist von Deutschland als Nation oder wenigstens von der deutschen Exportindustrie als typischem Gewinner der Globalisierung. So weit, so gut. Doch was heißt das letztlich für den Einzelnen? Sicherlich gibt es in Deutschland eine große Anzahl an Individuen, die von der Globalisierung profitiert haben und auch in der Zukunft von ihr profitieren werden. Aber es gibt eben unbestritten auch

Menschen mit ganz unterschiedlichen Hintergründen, die das nicht tun. Für sie werden auch in naher Zukunft ihre persönlichen Risiken im Vordergrund stehen. Und das völlig unabhängig davon, ob die Wirtschaft oder die Politik das genauso sieht oder nicht. Ein ehrlicher und zielgerichteter Dialog über die Globalisierung setzt seinerseits voraus, ein Verständnis davon zu entwickeln, wie unsere heutigen Risikowelten aussehen und woher sie aus Sicht des Einzelnen ihre Dynamik beziehen.

1. Die neue Unsicherheit

Unsere Grenzen und unsere kulturellen Unterschiede und Gemeinsamkeiten werden entgegen populärer Deutungen nicht weniger, noch werden sie in absehbarer Zeit bedeutungslos. Damit Gesellschaften in ihrer ganzen Breite und Tiefe an der Globalisierung teilnehmen und vor allem teilhaben können, müssen soziale, kulturelle und wirtschaftliche (Ver-)Bindungen gepflegt und immer wieder neu geknüpft werden. Diese Bindungen beruhen zum Teil auf politischer Gestaltung und demokratischer Legitimation. Auch in einer sogenannten posttraditionalen oder postmodernen Welt mit starken Individualisierungstendenzen sind Traditionen also mitnichten überflüssig. Was sich wirklich verändert hat, ist etwas ganz anderes: Eigene Bindungen und Traditionen werden im Zweifelsfall von den anderen nicht mehr ohne kritische Rückfragen hingenommen. Jeder von uns muss wesentlich häufiger als in der Vergangenheit begründen, warum er oder sie sich für oder gegen etwas entscheidet. Die eigene Positionierung ist zunehmend politischer, öffentlicher und somit risikoreicher geworden.

Zu einem sehr frühen Zeitpunkt wurde die Globalisierung mit einer allgemeinen Zunahme des Risikos in Verbindung gebracht. Das alles ist wenig erstaunlich, da wir die Globalisierung im Innersten als einen immanenten Wandelprozess wahrnehmen und solche Prozesse historisch gesehen immer eine Zeit erhöhter Unsicherheiten, Risiken und damit auch erhöhten Risikobewusstseins sind. Für die Politik stellt sich aktueller denn je die Frage, wie Risiken besser als bisher erkannt und schließlich politisch, wirtschaftlich und kulturell kanalisiert werden können.

Unsere individuelle Existenz genauso wie unser gemeinschaftliches Leben sind maßgeblich durch unseren Umgang mit Risiken geprägt. Ulrich Becks Diktum vom Risiko und der Risikogesellschaft – mittlerweile zu einer Weltrisikogesellschaft erweitert – deckt jedoch nur einen Teil dessen ab, was wir umgangssprachlich mit dem Risikobegriff verbinden. Zunächst scheint es sogar so, als ob sich nicht viel verändert hätte. Lakonisch verweist etwa der britische Soziologe Anthony Giddens darauf, dass schon im Mittelalter das Leben für die meisten Europäer eine schmutzige, primitive und kurze Angelegenheit gewesen sei. Wozu also die ganze Aufregung? Über viele Jahrhunderte hinweg spielte das Konzept des Risikos eine eher unbedeutende Rolle. Mit dem Begriff »risco«, der ursprünglich aus dem Spanischen kommt, bezeichneten westliche Forschungsreisende schlicht eine Klippe und erst später eine Fahrt in unbekannte, nicht kartografierte Gewässer. Der Gebrauch des Risikobegriffs im Zusammenhang mit Geldgeschäften hat eine deutlich kürzere Historie.

Auf der einen Seite kennen wir Risiko in Form natürlicher Zerstörung oder eingetretener Schadensfälle wie beispielsweise einer Naturkatastrophe oder einer Krankheit. Auf der anderen Seite hat die Globalisierung eine neue Art des Risikos in die Mitte unserer Gesellschaften gerückt, nämlich die »hergestellten Risiken«. Für Anthony Giddens handelt es sich hierbei um die unbesehenen Nebenfolgen unserer Entscheidungen und Handlungen. Es geht nicht mehr um schicksalhafte Naturgewalten und sichtbare Bedrohungen, sondern um das zunächst unsichtbare Risiko, das Hand in Hand mit unserem Wissen über die Welt um uns herum wächst. Ein Risiko, das immer mehr Menschen buchstäblich über den Kopf zu wachsen scheint. Hergestellte Risiken wirken dauerhaft und völlig ortsungebunden. Sie sabotieren so über kurz oder lang jegliches Gefühl der Sicherheit. In einer Risikogesellschaft bedarf es keiner Überschwemmung oder Brandkatastrophe mehr, um Menschen in Angst und Schrecken zu versetzen. Der Schrecken und die Bedrohung sind immer schon einen Schritt voraus.

Um noch besser zu erkennen, welche Risiken die Globalisierung so grundlegend verändert hat, möchte ich an dieser Stelle für einen umfassenderen und weiter gefassten Risikobegriff plädieren, der sowohl hergestellte als auch natürliche und lebensweltliche Aspekte in sich vereint. Mein Ausgangspunkt ist die Überlegung, dass der Mensch seit jeher von menschengemachten Risiken und gleichzeitig von natürlichen Risiken bedroht war beziehungsweise immer noch ist.

Ein Blick in die jüngere Vergangenheit und über den nationalen Tellerrand hinaus hilft hier weiter: Internationale Institutionen wie die Weltbank und die G7 haben Ereignisse wie die Asienkrise der Jahre 1997/98 zum Anlass genommen, sich wieder verstärkt mit dem Thema Risiko auseinanderzusetzen. Die schmerzvolle

Erfahrung, wie schnell die Stimmung und die Einkommensentwicklung und Armutsbekämpfung in einer wirtschaftlichen Boomregion kippen können, hat für neue Sensibilitäten und Prioritäten gesorgt. Jahrelang hatte das ostasiatische Wirtschaftswunder für höhere Durchschnittseinkommen gesorgt, und Asien ließ sich völlig zu Recht als Champion beim weltweiten Kampf gegen die Armut feiern. Doch die damalige Finanz- und Währungskrise und der folgende Wachstumseinbruch machten vielen Regierungen in der Region und den beratenden internationalen Organisationen schlagartig klar, dass eine gesunde Gesellschaft für Krisenzeiten vorsorgen muss. Die soziale Risikovorsorge rückte mit einem Mal wieder in den Vordergrund.

Nun können Individuen und Gesellschaften auch ohne die Politik mit ihren Mitteln auf Risiken reagieren, oft mittels informeller Netzwerke – ein Verhalten, wie es übrigens noch heute in vielen Entwicklungs- und Schwellenländern gang und gäbe ist. Familien und Nachbarn helfen sich verstärkt dann untereinander, wenn staatliche Risikovorsorge versagt beziehungsweise gänzlich fehlt. Im Kern unterscheiden sich Risiken durch den Ort ihres Ursprungs und ihre Wirkung. Sie können einzelne Individuen oder sogar ganze Regionen oder Nationalstaaten bedrohen. Die Weltbank unterteilt unsere Risikowelt ganz pragmatisch in insgesamt sieben Kategorien: natürliche Risiken (Überschwemmung, Dürre, Erdbeben), Gesundheitsrisiken (Krankheit, Verletzung, Epidemien), Risiken des Lebenszyklus (Geburt, hohes Alter, Tod), soziokulturelle Risiken (Kriminalität, häusliche Gewalt, Terrorismus, Bürgerkrieg), ökonomische Risiken (Arbeitsplatzverlust, soziale Unruhen, Konkurs, Währungskrisen, schockartige Veränderung der

Handelsbeziehungen), politische Risiken (Diskriminierung, Aufstände, fehlender politischer Wille zur sozialen Absicherung, Politikversagen, Putsch) und Umweltrisiken (Verschmutzung, Abholzung, Nuklearunfall). Eine gute Referenz für diesen im wahrsten Sinne des Wortes globalen Risikokatalog bieten die Weltentwicklungsziele, die sogenannten Millennium Development Goals. Die Liste dieser Weltentwicklungsziele benennt nicht nur alle potenziellen Entwicklungsrisiken, sondern formuliert zugleich mögliche Risikovorsorge und die Politikziele der internationalen Gemeinschaft.

Auffallend ist und bleibt, dass es uns zumindest in den Industrieländern anscheinend gelungen ist, Risiken im Bereich der Gesundheit, der Lebenserwartung, aber auch der Umweltzerstörung erfolgreich offenzulegen und beherrschbarer zu machen. Gleichzeitig haben wir alle – die Politik, die Wirtschaft und die Gesellschaft gleichermaßen – immer größere Probleme, die hergestellten Risiken zu erkennen, zu kommunizieren und entsprechende politische Gestaltungsvorschläge zu formulieren.

2. Die Privatisierung des Risikos

Eine eingehende Erörterung verdient die These, dass sich in unserer immer enger vernetzten Welt die Risiken zunehmend vom Staat auf das Individuum verlagert haben. Dieser manchmal als schleichende Privatisierung des Risikos beschriebene Trend hat individuelle Sicherheit und Teilhabe in vielen Lebenssituationen komplizierter gemacht. Die Ansprüche und die Anforderungen an den Einzelnen wurden konsequent in die Höhe geschraubt – für manche vielleicht zu hoch.

Der schon erwähnte Anthony Giddens sieht eine geradezu entfesselte Gesellschaft am Werk, die wir so aus früheren Zeiten nicht kennen. Lange vor den katastrophalen Auswirkungen der internationalen Finanzmarktkrise war ihm klar, dass uns viele dieser neuen Risiken unabhängig davon betreffen, wo wir leben, und ohne Rücksicht darauf, wie privilegiert wir sind. Giddens, seines Zeichens ehemaliger Direktor der angesehenen London School of Economics – und damit einer der Nachfolger von Ralf Dahrendorf –, hielt vor fast zehn Jahren im Rahmen der Reith Lectures der British Broadcasting Company (BBC) fünf Vorträge über Globalisierung, Risiko, Tradition, Familie und Demokratie. In einer kleinen Randnotiz sei angemerkt, dass er diese Vorlesungen an unterschiedlichen Orten rund um den Globus gehalten hat. London, Hongkong, New Delhi und Washington D.C. lauteten die einzelnen Stationen seiner Reise. Einer der eher seltenen Fälle also, in dem Inhalt und Verpackung übereinstimmten.

In seinen Reith Lectures dokumentiert Giddens anhand vieler Beispiele aus unserem Alltag, wie die Globalisierung unsere Lebenserfahrung verändert hat und gerade auch vor Strukturen wie beispielsweise der Familie keinen Halt macht. Moderne Kommunikationsmittel führten beispielsweise dazu, dass wir mitunter einzelne Hollywood-Stars besser kennen als unsere Nachbarn. In dieser Hinsicht verwischt und relativiert die Globalisierung ehemals traditionelle Grenzen zwischen der Familie, dem engeren Freundeskreis und der vormals anonymen Gesellschaft.

In dieser aufgeladenen Situation stellt sich nicht zuletzt die Frage der gesellschaftlichen Machtverteilung ganz neu. Denn unsere Risikowahrnehmung unterteilt die Welt dualistisch in Entscheider – hier sammeln sich alle möglichen Gewinne und Vorteile – und in Betroffene. Aufseiten der Betroffenen sammeln sich gewollt oder ungewollt alle negativen Folgen unseres Handelns. Ulrich Beck spricht von einer zweifachen Exklusion, denn diese Betroffenen seien nicht nur von Anfang an von den möglichen Gewinnen der Entscheidung ausgeschlossen, sondern oft sogar von den notwendigen Informationen, um selbst in die Lage zu kommen, eine verantwortungsvolle Entscheidung zu treffen. Die sich ständig verändernde Zahl an Entscheidungen und Optionen hat zudem dafür gesorgt, dass Risiko immer individueller wahrgenommen und bewältigt werden muss. So entsteht laut Beck eine mobile Risikogesellschaft mit einer grenzenlosen Vielfalt der Entscheider, der Betroffenen und der Risikowahrnehmungen. Aus der von Niklas Luhmann eingeführten Unterscheidung zwischen Risiko und Gefahr haben sich mittlerweile Risiko-Biografien (kalkulierbar) und Gefahren-Biografien (nicht kalkulierbar) vermischt. Was für den einen ein Risiko darstellt, ist für jemand anderen eine Gefahr und umgekehrt. Dieses Zusammenspiel zwischen Risiko und Macht ist auch auf der internationalen Ebene zu beobachten, wenn nämlich Risiken oder Gefahren abgeschoben werden in »Niedrigsicherheitsländer, Niedriglohnländer, Niedrigrechtsländer, Niedrigethikländer«.

Hier zeigt sich, wie hoch die Anforderungen sind, welche die Globalisierung an den Einzelnen stellt. Die Globalisierung wirkt als Zumutung, das heißt es braucht wirklich Mut, sich ihr zu stellen. Kapitalistische Gesellschaften haben in vielen Bereichen höhere Unsicherheit eingeführt, nicht zuletzt auf dem Arbeitsmarkt. Wobei paradoxerweise sowohl eine Zunahme an Handlungsoptionen als auch eine Abnahme an Optionen zu einem insgesamt höheren Risiko führen können. Weniger Optionen beim Berufseinstieg oder beim Jobwechsel bedingen ein höheres Arbeitslosigkeitsrisiko. Nun eröffnet die Globalisierung gleichzeitig vor allem mit Bezug auf die Gestaltung des individuellen Lebenswandels viele neue Optionen und Möglichkeiten. Eltern können sich beispielsweise entscheiden, im Job zu pausieren und die Kinderbetreuung selbst zu übernehmen, oder aber sie können sich entscheiden, diese Arbeit zumindest teilweise anderen zu überlassen. Die Existenz einer wachsenden Anzahl an Optionen und Entscheidungen bedeutet ihrerseits ebenfalls eine Zunahme des Risikos.

Zum wiederholten Mal zeigt sich hier die Wirkungskraft der Globalisierung von ihrer widersprüchlichen Seite, wobei die Politik auf diese drohende Spaltung der Gesellschaft erst noch schlagkräftige Antworten finden muss.

3. Staatsmachtrisiko und ein Plädoyer für ein neues Staatsverständnis

In dieser entfesselten Welt wird in Zukunft nicht weniger, sondern eindeutig mehr politische Gestaltung gebraucht. Unsere steigende Risikowahrnehmung sollte uns hier nicht den Blick trüben oder uns die falschen Schlussfolgerungen ziehen lassen. Grundlegend für eine solche am Ende optimistische Sicht der Dinge ist die Überzeugung, dass eine Politik der klugen Risikovermittlung und -kommunikation, der Risikovorsorge und des -managements diese Faktoren nicht primär als Kosten, sondern vielmehr als eine lohnende Investition in die

Grundfeste einer Gesellschaft sieht. Eine Politik, die einseitig auf totale Risikovermeidung – falls überhaupt möglich! – und vermeintliche Risikominimierung setzt, offenbart ihre fundamentalen Schwächen bereits im Ansatz. Die Globalisierung und mit ihr das Entstehen von Risikogesellschaften schaffen politischen Handlungsbedarf wie auch politischen Handlungsspielraum. Unterstellen wir einmal, dass die Globalisierung eine Renaissance der Politik begünstigt. Wie könnte eine solche Wiedergewinnung dann aussehen?

Unser althergebrachtes Gesellschafts- und Politikverständnis fußt auf einer Reihe von Annahmen. Im Zentrum stehen der territorial definierte Nationalstaat und eine ebenso klar definierbare Gemeinschaft. Die vorrangigen Politikziele sind Beschäftigung und Wachstum, wobei mittlerweile der Faktor Nachhaltigkeit hinzugekommen ist. Die Vehemenz der Globalisierung erklärt sich unter anderem damit, dass all diese Annahmen von ihr infrage gestellt werden. Diese Tatsache allein symbolisiert den wahren Politik- und Gesellschaftswechsel, der der Globalisierung innewohnt und den es zu erkennen gilt. Mit einzelnen Korrekturen ist es nicht mehr getan. Ähnlich, wie sich das Individuum in Zeiten der Globalisierung neu verorten und positionieren muss, hat sich auch staatliche Autorität und Politik in die neuen Zusammenhänge einzubringen. Dabei geht es immer häufiger um neue Gestaltungsformen und -instrumente jenseits der alten Einteilungen von links und rechts. Die kampferprobten Schemata der Industriegesellschaft passen nicht mehr.

Nicht die Politik als Ganze ist in der Krise, sondern unsere Vorstellungen von der rein nationalstaatlichen Steuerung der Politik. Die US-amerikanische Soziologin

Saskia Sassen spricht vom Paradox des Nationalen und beschreibt, wie grundlegend sich die Bedeutung und der Einfluss des Nationalstaats transformieren, während er gleichzeitig ein wichtiger Handlungsrahmen für die politische Gestaltung bleibt. Vor diesem Hintergrund scheinen wir vor allem eines zu brauchen: die Besinnung und Bekräftigung des politisch Handelnden ganz im Sinne von Hannah Arendt und ihrer »Vita activa«.

Die Ausgangsbehauptung derer, die in Globalisierung vornehmlich eine Entwicklung hin zu gesellschaftlicher und politischer Ohnmacht sehen, beruht auf einem folgenschweren Missverständnis. Deren Tenor lautet: Die Globalisierung unterstütze eine Gesellschaftsentwicklung der Gegensätze, sie fordere und verschärfe den Druck individueller Profilierung und sie setze Anforderungen voraus, welche die meisten Menschen von Anfang an ausschlössen. Ein Beispiel: Im Zeitalter der Globalisierung werde Arbeit (in der Regel die Anzahl potenzieller Arbeitnehmer) immer mehr und billiger, Kapital werde immer teurer und knapper, während sich beispielsweise die wirtschaftliche Entwicklung dem Nationalstaat entziehe, die sozialen Folgeprobleme aber in den Auffangnetzen des nationalen Sozialstaats hängen blieben. Diese Argumentationskette ist meiner Auffassung nach genauso schlicht wie falsch. Die Arbeit, die Deutschland in der Globalisierung benötigt, wird ganz im Gegenteil immer teurer und knapper. Gleichzeitig ist es das Kapital, das immer mehr und billiger wird. Das eigentlich neue Paradigma muss demzufolge lauten: Probleme entstehen nach wie vor zunehmend auf lokaler Ebene, aber sie können fast nur noch global gelöst werden. Egal, ob man sich die Umweltpolitik, den Terrorismus (Außen- und Sicherheitspolitik), die Migrationspolitik oder die Wirtschafts- und Finanzpolitik anschaut, sie alle können nur durch einen abgestimmten und kohärenten Politikmix aus lokalen und globalen Initiativen gelöst werden.

Eine politische Antwort auf die Globalisierung baut auf der fundamentalen Erkenntnis auf, dass politische und wirtschaftliche Freiheit untrennbar zusammengehören und sich gegenseitig bedingen. Ethische Prinzipien sind mehr als nur das äußere Korrektiv allzu großer Missstände. Sie sind integraler Bestandteil, ja die Geschäftsgrundlage (Peter Ulrich) und Legitimationsbasis unseres gesamten Handelns. Unsere gelebte Ethik und Moral schafft letztlich die Grundlagen für eine sinnvolle Verbindung ökonomischer und normativer Ansprüche. Politische Gestaltung in Zeiten der Globalisierung schließt an diese Vorstellungen an und sucht im Idealfall die Verbindung von regelgebundener und regelverändernder Politik. Der Wandel unserer modernen Lebens- und Arbeitswelt wird maßgeblich durch Wirtschaft und Technologie, aber eben auch durch unsere Suche nach Identität geprägt. Politische Gestaltung greift die Widersprüche und die Brüche dieser Suche auf und versucht, neue Angebote zu formulieren. Das neue Politikziel lautet demzufolge, Integration und Effizienz miteinander zu verbinden und nicht etwa gegeneinander auszuspielen.

Was für einen Staat braucht man für eine solche Politik? Nur zur Erinnerung: Der moderne Staat wird heutzutage in allen seinen Kernfunktionen, nämlich der Schutzfunktion, der Erzwingungssanktion/Sanktionsfunktion und der Investitionsfunktion, von nicht staatlichen Akteuren herausgefordert. Private Sicherheitsdienste bewachen heute nicht nur Gebäude, sondern stellen zahlenden Staaten komplette Armeen zur Verfügung, die ganze Landstriche oder Regionen unter ihrer Kontrolle halten. Viele ehemals hoheitliche Aufgaben werden mittlerweile von privaten Unternehmen wahrgenommen – als ein weiteres Beispiel wären hier privat betriebene Gefängnisse zu nennen. Nicht staatliche Organisationen überwachen und überprüfen die Einhaltung nationaler und lokaler Gesetze und Auflagen – beispielsweise im Auftrag multinationaler Unternehmen, die in Ländern wie China, Vietnam oder Bangladesch ihre Waren produzieren. Zahlreiche Investitionen in Infrastrukturmaßnahmen wie Eisenbahnen, Straßen oder öffentliche Einrichtungen werden immer häufiger in Partnerschaft mit oder gleich ganz von privaten Unternehmen getätigt. Wie also sollte der ideale Staat heute und in Zukunft aussehen?

Wir brauchen den Staat weder als Liliput noch als Leviathan, sondern wir benötigen einen Staat, der flexibel auf die mannigfaltigen Identitäten seiner Bürger eingehen kann. Die aktive Wahlmöglichkeit der Bürger stärkt wiederum Loyalität und Identifikation mit dem Staat und seinen Akteuren. Ein solcher Staat – oder besser gesagt: eine solche Gesellschaft – versteht sich als ein gemeinsames Projekt, das einer Verrechtlichung sozialer Beziehungen widersteht. Die Würde eines jeden Bürgers kann nicht darin bestehen, seine individuellen Rechte vor Gericht einzuklagen. Eine solche Politik kämpft somit aktiv gegen die zunehmende Entfremdung zwischen dem Staat und seinen Bürgern (Hartmut Rosa).

Anstelle einer weiteren Definition hier ein Beispiel für exemplarisches staatliches Handeln in Zeiten der Globalisierung: der norwegische Staatsfonds – weltoffen, transparent, ethisch.

Im Jahr 1969 entdeckte Norwegen sein erstes Ölfeld in

der Nordsee. Zwei Jahre später begann die Produktion, und heutzutage ist das 4,6-Millionen-Einwohner-Land der fünftgrößte Ölexporteur und der drittgrößte Gasexporteur weltweit. Über 130 000 Arbeitsplätze hängen alleine an der Ölindustrie, die ihrerseits rund ein Viertel zum norwegischen Bruttoinlandsprodukt beiträgt. Der stete Zufluss an Devisen aus dem Ölgeschäft ließ in den 1970er- und 1980er-Jahren den norwegischen Wohlfahrtsstaat in bisher unbekanntem Maße expandieren. In Erwartung der Einnahmen aus dem Ölsektor wurden staatliche Ausgaben großzügig erhöht. Eine Mixtur aus steigender Inflationsrate und gleichzeitigen Ölpreisschocks führte 1986 zum großen Knall. Eine heimische Kreditblase platzte, und das ganze Land rutschte in eine tiefe wirtschaftliche Rezession. Schon bald wurde deutlich, dass Norwegen seine anderen Industrien sträflich vernachlässigt hatte. Das leicht erwirtschaftete Ölgeld hatte zu schlechter Politik geführt. Norwegen galt plötzlich als ein Paradebeispiel für die »Dutch disease«. So wird die Entwicklung in rohstoffreichen Ländern genannt, die trotz ihrer Einnahmen keinen langfristigen und breitenwirksamen Wirtschaftsaufschwung bewerkstelligen können.

Doch die Norweger verstanden die Signale. In der Tradition von Politikern wie der ehemaligen Ministerpräsidentin Gro Harlem Brundtland machten sie sich an die Arbeit. Als Vorsitzende der Weltkommission für Entwicklung sollte Brundtland an entscheidender Stelle für die Einführung des Nachhaltigkeitsgedankens in die internationale Politik eintreten. Den Gedanken, dass nachhaltige Entwicklung bedeutet, auch zukünftigen Generationen zu ermöglichen, sich frei und ohne Einschränkungen entwickeln zu können, machten sich die Norweger zunutze. Im Laufe der 1990er-Jahre entwickelten sie drei Säulen für ihre Generationenpolitik: klare Regeln für die norwegische Geldpolitik, eindeutige Vorgaben für die norwegische Haushaltspolitik und die Einrichtung eines Fonds für die Verwaltung der Öleinnahmen.

Im Sommer 1990 wurde per Parlamentsentscheid der Norwegian Government Petroleum Fund ins Leben gerufen – der Anfang einer beeindruckenden Erfolgsgeschichte. Ende 2005 betrug das Gesamtvermögen des Fonds bereits über 200 Milliarden US-Dollar – Tendenz stark steigend. Im Jahr 2006 wurde der Fonds in Government Pension Fund – Global umbenannt, als bewusst gesetztes Zeichen, dass es sich hier um das Vermögen der norwegischen Bevölkerung handelt.

Was ist nun das Besondere an diesem norwegischen Beispiel? Zum einen macht es deutlich, dass man aus den Fehlern der Vergangenheit lernen kann. Zum anderen wird klar, dass erfolgreiche politische Gestaltung in Zeiten der Globalisierung nur professionell, verantwortlich und transparent erfolgen kann. Der norwegische Staatsfonds untersteht formal dem Finanzministerium, wird aber im Tagesgeschäft von der Zentralbank gemanagt. Oberstes Ziel ist erwartungsgemäß eine möglichst profitable Anlage des Fondsvermögens – allerdings nicht um jeden Preis. Im Jahr 2004 wurden verbindliche ethische Richtlinien für das Fondsmanagement beschlossen. Aufbauend auf Empfehlungen der Vereinten Nationen, der OECD oder der ILO wurde ein ganzer Katalog an Mindestanforderungen für ethisches Investment verabschiedet. Um die Einhaltung dieser Richtlinien zu überwachen, wurde zeitgleich eine unabhängige Ethikkommission eingesetzt, welche die Investitionsentscheidungen des Fonds in regelmäßigen Abständen und für die breite Öffentlichkeit nachvollziehbar überprüft. Die Art und Weise, wie die norwegische Gesellschaft mit den Öleinkünften umgeht, belegt, dass sich Weltoffenheit, Profitstreben, Risikomanagement und klare Wertgebundenheit nicht ausschließen, sie vielmehr erfolgreich miteinander verbunden werden können.

III
Wer sind wir in der Globalisierung?

Ob in Gesprächen, auf politischen Veranstaltungen oder in demoskopischen Analysen: Überall ist leicht festzustellen, dass das allgemeine Vertrauen in Staat und Wirtschaft sinkt. Hinter dem Misstrauen steckt, wie ich meine, eine Distanzierung: Sie drückt das Gefühl von Menschen aus, als Individuum nicht mehr geachtet zu sein. Das wiederum hat oftmals mit der beschriebenen Entkoppelung zwischen der Entwicklung in Staat und Wirtschaft auf der einen und der Teilhabe des Einzelnen auf der anderen Seite zu tun. Natürlich: Wenn der Staat mir nicht mehr garantieren will, dass es mir besser geht, wenn es dem Gemeinwesen besser geht, dann muss ich das Gefühl haben, dass ich ihm offenbar nicht mehr wichtig bin. Und wenn meine Firma mich einfach wegschickt, obwohl ich mich ange-strengt und zum Erfolg beigetragen habe, dann kann ich nur zu der Analyse kommen, dass ich für »die« offenbar nur eine Nummer, eine Kostenstelle bin. Das ist keine Kleinigkeit. Wenn Menschen das Gefühl haben, ersetzbar und austauschbar zu sein, fühlen sie sich immer auch in ihrer Würde gekränkt. Es ist aller-dings nicht nur die fehlende Teilhabe an Erfolgen, die zu einer »Inflation« dieses Gefühls geführt hat, sondern es gibt noch einen anderen, vielleicht schwerwiegende-ren Grund: Getrieben unter anderem durch die techno-logische Entwicklung der Digitalisierung und die internationale Arbeitsteilung wächst ein allgemeines Gefühl der Austauschbarkeit.

Das ist eine fast banale Einsicht, aber in Zeiten des Wandels ist der Bedarf an Orientierung erfahrungsgemäß besonders groß. Althergebrachte Unterscheidungstypologien nach einem Gut-Böse-Schema mögen in kleinen und überschaubaren sozialen Gemeinschaften weiterhin funktionieren, doch in der globalisierten Welt mit ständig wechselnden Kontexten und Befindlichkeiten stoßen sie schnell an ihre Grenzen. Das gilt für individuelles wie für staatliches Handeln gleichermaßen. Die demokratische Steuerung eines Gemeinwesens kann natürlich nicht nur auf dem Staat aufbauen. Unser Handeln wird bestimmt durch unsere Kommunikation, unsere Institutionen und nicht zuletzt durch ein Bewusstsein gemeinsamer Identität und Wertigkeit. Nachdem nun der Staat als Akteur infrage gestellt worden ist, dauert es nicht lange, und die nationalstaatliche Politik selbst rückt in das Zentrum der Kritik. Alle Zweifel und Widersprüche werden zunächst auf die Institutionen und dann auch auf ihre Politik projiziert. Der Flurschaden für Deutschland liegt auf der Hand. Sowohl das Leitbild der sozialen Marktwirtschaft als auch das der Demokratie befinden sich in einer existenziellen Legitimationskrise. Wieder bieten die Globalisierungsgegner eine vermeintlich einfache Antwort: die oder wir, Gewinner oder Verlierer, alles oder nichts. Die Komplexität wird einfach so stark verkürzt, bis nur noch eine fundamentalistische, eine bipolare Weltsicht übrig zu bleiben scheint.

So alleingelassen mit der zentrifugalen Veränderungswucht der Globalisierung, fühlen sich viele Menschen vor allem in den eigentlich erfolgreichen Industrieländern zunehmend herausgefordert. Dabei ist der selbstbewusste Umgang mit der eigenen Identität und Biografie seinerseits eine notwendige Voraussetzung dafür, Veränderungsprozesse als positive Herausforderung und Chance annehmen und gestalten zu können. Doch sowohl traditionelle Erklärungsmuster als auch Ordnungen wie beispielsweise die soziale Marktwirtschaft haben längst an breiter öffentlicher Anziehungs- und Bindungskraft eingebüßt. Die alten Leitbilder schaffen es nicht mehr, die unzähligen Identitäten, welche die Globalisierung zum Teil stark forciert und selbst erst eröffnet, sinnvoll zu ordnen. Es besteht kein Mangel an identitätsstiftenden Angeboten, eher gibt es aus der Sicht des Einzelnen zu viele. Es sind die neue Unübersichtlichkeit und die Vielfalt, die Angst machen. Unter großer Unsicherheit und ohne Rückgriff auf traditionell bewährte Muster sind wir alle permanent aufgefordert, uns zu informieren, auszuwählen und zu entscheiden. Hier liegt die Hauptursache für das in der deutschen Gesellschaft weitverbreitete Gefühl der kulturellen Herausforderung durch die Globalisierung. Weniger wäre zumindest in diesem Fall eindeutig mehr.

1. Staatliche Souveränität und Identität – zwei Seiten einer Medaille

Mit der relativen Übersichtlichkeit der internationalen Beziehungen nach dem Zweiten Weltkrieg ist es – wie wir teilweise schon gesehen haben – schon länger vorbei. Während bei der Gründung der Vereinten Nationen im Jahr 1945 noch 52 Mitgliedstaaten unter sich waren, erhöhte sich vor allem durch das Ende der europäischen Kolonialpolitik in den 1960er- und 1970er-Jahren diese

Zahl, und zum Millenniums-Gipfel im Jahr 2000 konnte der damalige Generalsekretär der Vereinten Nationen, Kofi Annan, schon 189 Mitgliedsländer begrüßen. Von den einen als finaler Siegeszug multilateraler Zusammenarbeit gefeiert, hatte diese Entwicklung von Anfang an auch ihre Schattenseiten. Nur als staatlich anerkanntes Mitglied der internationalen Weltgemeinschaft gab es überhaupt die Chance auf politische und wirtschaftliche Beachtung. In dieser Logik spielen schwache Nationalstaaten erfahrungsgemäß entweder keine oder nur eine marginale Rolle. Zudem sind durch die sprunghafte Zunahme der Verhandlungspartner in internationalen Gremien und Foren die konzeptionelle Weiterentwicklung und die Lösung von Konflikten nicht einfacher geworden. Im Gegenteil, viele ehemals problemlos funktionierende Organisationen sind aufgrund von internen Reibungsschwierigkeiten nahezu paralysiert.

Vom Verschieben der Problem- und der Handlungsebene war schon die Rede. Im Klartext: Der Nationalstaat kann nicht mehr autonom bestimmen, was Innen- und was Außenpolitik ist. Er ist nicht mehr in der Lage, spannungsfrei zwischen Wettbewerbs- und Wohlfahrtsstaat zu unterscheiden und diese Unterscheidung notfalls im Konflikt mit anderen Nationen zu garantieren. Die Parameter der politischen Handlungsfindung haben sich unwiederbringlich verschoben, und mit dieser neuen Konstellation müssen die internationale und die deutsche Politik, aber auch die Menschen selbst erst noch zurechtkommen.

Nun wurde schon viel geschrieben über die Überwindung des Nationalen und das Entstehen einer kosmopolitischen, transnationalen Weltgemeinschaft. Der Nationalstaat hat in dieser Weltsicht wenig bis gar keinen

Platz. Er ist ein Auslaufmodell, zur Ramschware verkommen. Dabei wird übersehen, dass die Globalisierung ihre Kräfte auch in die entgegengesetzte Richtung entfaltet hat. Genauso wie der Nationalstaat, staatliche Souveränität im Allgemeinen und nationalstaatliche Politik in Zeiten der Globalisierung infrage gestellt werden, werden auch persönliche Identitäten infrage gestellt. Schon am Wandel der Begrifflichkeiten wird deutlich, wie stark sich internationale und nationale Politik auf das Individuum fokussiert haben. Genauso wie nationalstaatliche Souveränitäten ins Wanken gekommen sind, verleiht die Globalisierung auch der Frage nach der persönlichen Identität eine erneute Dringlichkeit.

Das Verhältnis von Staat und Sicherheit hat sich grundlegend gewandelt. Bis zur Mitte des 20. Jahrhunderts wurden Konflikte und Kriege fast ausschließlich unter Nationalstaaten ausgetragen. Zwischenstaatliches Handeln wurde zumindest in der Theorie von den Grundsätzen des internationalen Völkerrechts geregelt. Doch diese Gewissheit und dieses Denken sind uns zeitweise abhanden gekommen. Denn Konflikte wie auf dem Balkan oder in Somalia und aktuell im Sudan zeigen uns eindringlich die Grenzen ebendieses Denkens und Handelns auf. Systematischer Terror gegen die eigene Bevölkerung, gegen ethnische Minderheiten oder einfach gegen unliebsame Regimekritiker ist nicht mehr die Ausnahme, sondern zunehmend zur Regel geworden. Gewalttätige Konflikte innerhalb von Staaten haben genauso zugenommen wie die zivilen Opferzahlen. Vor diesem Hintergrund bekommt unser Verständnis von Sicherheit eine völlig neue, menschlichere Dimension – aus Sicherheit als politisches Ziel wird explizit menschliche Sicherheit. Das Entwicklungsprogramm der Vereinten Nationen definiert mit dem Begriff der menschlichen Sicherheit einen Kernbereich menschlichen Lebens, der vor jeglicher Art von Eingriffen und Gefahren geschützt werden muss, unabhängig davon, woher diese Ein- und Angriffe kommen. Das ultimative Ziel ist die langfristige Entfaltung jedes Individuums. Unsere jüngere Geschichte zeigt, dass es kaum möglich ist, jeden Aspekt menschlichen Wohlbefindens zu jeder Zeit und in jeder Situation zu schützen. Deshalb wird ein Kernbereich definiert, der unter allen Umständen geschützt werden muss. Als Gefahren gelten nicht nur staatliche Übergriffe oder etwa Naturkatastrophen, sondern ebenso die Aids-Pandemie, Armut und Hunger, Umweltverschmutzung, Wasserknappheit oder eine Politik, die Investitionen in Gesundheit vernachlässigt oder gar verhindert. Regierungen sind aufgefordert, alles zu unternehmen, den Schutz vor Gefahren und Eingriffen so frühzeitig wie möglich zu institutionalisieren – nicht als Episode, sondern koordiniert, nicht reaktiv, sondern präventiv. Eine solche Politik beruht auf Respekt – auf Respekt für den Menschen, den Bürger. Sie schaut bei Menschenrechtsverstößen nicht weg, sondern setzt sich aktiv für den Schutz der Menschen ein.

Der beschriebene Perspektivwechsel der Politik findet sich auch in der Wirtschaft wieder. Während Adam Smith, der als Moralphilosoph einer der Väter der modernen Volkswirtschaftslehre wurde, noch völlig selbstverständlich über den Wohlstand des Einzelnen und von Nationen philosophierte, galt das später lange Zeit nicht mehr als selbstverständlich. Nunmehr aber ist auch in Bezug auf die wirtschaftliche Entwicklung das Individuum wieder ins Zentrum der Betrachtung gerückt. Statt von Entwicklung ist immer mehr von der menschlichen

Entwicklung die Rede. Diese lässt sich konsequenterweise nicht ausschließlich in Einkommenskategorien messen, sondern muss ebenso unter den Gesichtspunkten von Gesundheitsvorsorge, Bildung, Technologie, Umwelt oder Beschäftigungschancen betrachtet werden. Das Einzelschicksal hat wieder verstärkt Einzug gehalten in die Frage nach dem Fortschritt und dem Reichtum von Nationen. Im Zentrum stehen der Einzelne und dessen Versuch, seine Freiheiten und Entfaltungsmöglichkeiten zu erweitern. Die Frage, wie wir Entwicklung und Reichtum eines Landes messen, wird so hitzig debattiert wie schon lange nicht mehr. Die Brisanz dieser Debatte wird beispielsweise in der Frage deutlich, ob China immer noch ein Entwicklungsland ist oder nicht. Die Weltbank verneint das zwar in diesem Fall, trotzdem kann es für Deutschland gute Gründe geben, mit China weiterhin gemeinsame Entwicklungspartnerschaften einzugehen. So betrug laut Statistischem Bundesamt das chinesische Bruttoinlandsprodukt pro Kopf im Jahr 2006 zwar umgerechnet 1598 US-Dollar und lag damit deutlich über der Grenze für die Anerkennung als Entwicklungsland, doch gleichzeitig haben Millionen von Chinesen keinen Zugang zu sauberem Trinkwasser. Der Bemessung von wirtschaftlichem Wachstum auf der einen und gesellschaftlichem Reichtum auf der anderen Seite kommt eine ganz neue Bedeutung zu. Die Kräfte der Globalisierung haben den Druck auf unsere Gesellschaften erhöht, sei es durch internationale Finanzströme, globale Umweltverschmutzung oder Migration. Im Ergebnis erlebte die internationale wie auch die nationale Politik in den vergangenen Jahren einen starken Trend zur Individualisierung. Die Bedeutung des Einzelschicksals hat auf allen Ebenen Einzug gehalten in die Politik.

2. Das große Unbehagen oder was macht Identität aus?

Für uns Europäer hat die Frage nach der eigenen Identität ihre ältesten Wurzeln in der griechischen Philosophie. Jeder Mensch ist demnach ein einzigartiges Wesen, und wir bleiben ein ganzes Leben lang die gleiche Person. Doch auch wenn unser Name immer gleich bleibt, so verändert sich mit der Zeit nicht nur unsere Physis, auch unsere inneren Einstellungen und Werte werden andere. Wir entwickeln im Lauf der Zeit andere Meinungen und Einschätzungen, Ängste und Hoffnungen. Unsere Sehnsucht nach Identität drückt ein Grundbedürfnis nach Anerkennung und Zugehörigkeit aus. In einem Balanceakt zwischen Kontinuität und Wandel, zwischen unverwechselbarem Eigensinn und Individualität einerseits und sozialer Anpassung andererseits sind wir lebenslang auf der Suche nach Orientierung. Innen und außen – wenn unsere Umwelt sich verändert und gesellschaftliche Ansprüche sich neu stellen, bleibt das nicht ohne Folgen für den Blick nach innen und für unsere Individualität.

Unsere Identität ist wiederum ein Konstrukt, das in der Abgrenzung von anderen und durch andere entsteht und immer wieder bestätigt wird. Dass dieses »andere« nun zweifelsohne zahlreicher und vielfältiger geworden ist, macht den Prozess unserer Identitätsfindung für die meisten von uns zu einer wachsenden Herausforderung.

Angesichts dieser Zerwürfnisse und Brüche bringen uns auch die Identitätsentwürfe der Postmoderne nicht weiter. In ihrer Kritik an der Moderne – dem Projekt der Überwindung von Raum und Zeit und der rationalen Durchdringung unserer Welt – bestärkt die Postmoderne ihrerseits die Vielfalt sowohl der Lebensdiskurse als auch der Lebensformen. Die Einzigartigkeit, das Partikulare, das Lokale und das Zeitgebundene werden hervorgehoben und gegen eine allgemeine Theorie und eine große Erzählung in Stellung gebracht. Danach scheint die Zeit der großen Gesellschaftstheorien für immer vorbei zu sein. Bei allem durchaus angebrachten Respekt für die wichtigen gesellschaftlichen Debatten, die durch diese Kritik ausgelöst wurden und werden, stoßen wir jetzt doch zunehmend an unsere postmodernen Grenzen. Denn ähnlich wie die Moderne die Möglichkeit der rationalen Durchdringung unserer Lebenswelt überbetont hat, zeichnet sich jetzt auch die Postmoderne durch einige zu starke Betonungen aus. Diese blinden Flecken offenbaren sich beispielsweise, wenn es um ihre Voraussetzungen und das damit verbundene Menschenbild geht.

Der Prozess unserer Identitätsfindung ist sicherlich kein gradliniger oder linearer. In manchen Fällen und in besonders schwierigen Situationen kann er immer wieder auch scheitern. Gerade Menschen, die sich in ihrer Identität und ihrer Lebenswelt bestätigt und gefestigt fühlen, wissen um die vielen Rückschläge und Opfer auf ihrem Weg. Unsere Gesellschaft unterliegt dabei einer paradoxen Wahrnehmung. Denn während wir öffentlich beklagen, dass das Angebot an übernehmbaren Identitätsmustern in Familien, Vereinen, Kirchen und im Ehrenamt immer überschaubarer wird, verlangt die Gesellschaft gleichzeitig immer stärker nach der Unverwechselbarkeit des Einzelnen. Während wir also ein latentes Gefühl der Polarisierung und Profilierung verspüren, scheinen wir immer weniger zu wissen, wer wir eigentlich sind und, vor allem, was wir wirklich wollen.

3. Globale Arbeitsnomaden

Der Begriff sagt eigentlich schon fast alles. »Globale Arbeitsnomaden« werden die Arbeitnehmer genannt, die sich vor allem durch ihre Mobilität und Flexibilität auszeichnen. Diese Arbeitsnomaden ziehen je nach Bedarf ihres Arbeitgebers oder ihres Unternehmens von Stadt zu Stadt, von Land zu Land, von Kontinent zu Kontinent. Das ganze Leben scheint somit ausschließlich auf den nächsten Job ausgerichtet zu sein, für sentimentale Heimatgefühle ist kein Platz. Der US-amerikanische Soziologe Richard Sennett hat für diesen Typus des Arbeitnehmers den Begriff des »flexiblen Menschen« geprägt. Migration und das moderne Nomadentum sind für ihn die Ikone des Globalisierungszeitalters schlechthin. Drei Eigenschaften müssten solche Nomaden mitbringen, um trotz fragmentierter sozialer Bedingungen ihr Leben erfolgreich zu bestehen:

Erstens müssten sie mit kurzfristigen Beziehungen und mit sich selbst zurande kommen.

Zweitens hätten in der modernen Wirtschaft viele Fertigkeiten nur noch eine sehr kurze Lebensdauer. Gerade die Arbeitsnomaden unterlägen einem Zwang zur permanenten Qualifikation und Qualifizierung. Die Kultur der Arbeitsnomaden orientiere sich folglich an den potenziellen Fähigkeiten des Einzelnen.

Drittens hätten Arbeitsnomaden verstanden, dass kein Arbeitsplatz mehr sicher sei aufgrund vergangener Verdienste. Ihre permanente Bereitschaft zur Veränderung und zum Wandel sei der Haltung eines Konsumenten auf der ständigen Suche nach Neuem nicht ganz unähnlich. Denn es könne passieren, dass relativ neue und noch völlig intakte Güter weggeworfen würden.

Als Fazit hält Richard Sennett jedoch fest, dass es wohl nur wenige Menschen auf dieser Welt gebe, die mit diesen drei Herausforderungen zurechtkommen. »Ein kurzfristig orientiertes, auf mögliche Fähigkeiten konzentriertes Ich, das vergangene Erfahrungen bereitwillig aufgibt, ist – freundlich ausgedrückt – eine ungewöhnliche Sorte Mensch. Die meisten Menschen sind nicht von dieser Art. Sie brauchen eine durchgängige Biografie, sind stolz darauf, bestimmte Dinge gut zu können, und legen Wert auf die Erfahrungen, die sie in ihrem Leben gemacht haben.«

Auch wenn wir nicht alle schon zu modernen Arbeitsnomaden geworden sind, so fühlt doch wohl jeder von uns die unglaublichen Beschleunigungskräfte in unserer Gesellschaft, die zum Teil auf die Globalisierung zurückzuführen sind. Frei nach dem deutschen Soziologen Hartmut Rosa haben wir keine Zeit, obwohl wir sie im Überfluss gewinnen. Dieses Grundprinzip moderner Gesellschaften manifestiert sich in der technischen Beschleunigung, der Beschleunigung unseres Lebenstempos und in der Beschleunigung der sozialen und kulturellen Veränderung. Die jüngsten politischen und digitalen Beschleunigungswellen der Globalisierung haben deutliche Spuren in unserer individuellen und kollektiven Lebensführung hinterlassen. Zunächst als Befreiung empfunden, hat sich die soziale Beschleunigung der Moderne – im Einklang mit den technischen Beschleunigungen des Transports, der Produktion und der Kommunikation in Form von Telefon, Fax, Flugzeug, E-Mail, Computer – mittlerweile in ihr Gegenteil verkehrt. Unsere Erfahrung von Zeit und Geschichte erscheint nicht mehr als eine nach vorn gerichtete Fortschrittsbewegung, sondern nur noch als eine gleichsam bewegungslose und in sich erstarrte Steigerungsspirale. Der Zeitgewinn des technischen Fortschritts verwandelt sich in latente Zeitnot. Die neue Vielfalt der Möglichkeiten, die dem modernen Menschen jederzeit zur Verfügung steht, verunsichert zutiefst, weil sie niemand mehr auch nur annähernd ausnutzen kann. Die ganze Informationsdichte – nicht das Wissen (!) – unserer Welt ist mittels technischer Hilfsmittel jederzeit nur eine schnelle Handbewegung von uns entfernt. Wer kann bei diesen Dimensionen eigentlich noch den Überblick behalten?

Technische Innovation und Fortschritt sind sicherlich Wachstumsbeschleuniger und auf jeden Fall zu begrüßen, doch wenn diese Steigerungsrate unsere Fähigkeit, Beschleunigungen sozial zu verarbeiten, mittel- und langfristig übersteigt, dann endet alles in Frust und Enttäuschung und dem latenten Gefühl der Überforderung und der Überreizung. Das gerade Erlebte wird bereits nicht mehr als aktuell empfunden, und Individuen haben keine Aussicht mehr darauf, lebensgesättigt zu sterben. Hartmut Rosa spricht in diesem Zusammenhang vom »Phänomen der schiefen Ebene«, das heißt der Mensch kann sich nicht mehr ausruhen noch Zufriedenheit zeigen, da er sonst einen Verlust oder Nachteil erleiden würde.

Diese schiefe Ebene spiegelt sich für Rosa in der Geschichte von einem armen Fischer und einem erfolgreichen Unternehmer wieder: »In einer abgeschiedenen ländlichen Gegend Südeuropas sitzt ein Fischer am flachen Meeresstrand und angelt mit einer alten, herkömmlichen Angelrute. Ein reicher Unternehmer, der sich einen einsamen Urlaub am Meer gönnt, kommt auf einem Spaziergang vorbei, beobachtet den Fischer eine Weile, schüttelt den Kopf und spricht ihn an. Warum er hier angele, fragt er ihn. Draußen auf den felsigen Klippen könne er seine Ausbeute doch gewiss verdoppeln. Der Fischer blickt ihn verwundert an. ›Wozu?‹, fragt er verständnislos. Na, die zusätzlichen Fische könne er doch auf dem Markt in der nächsten Stadt verkaufen und sich von den Einnahmen eine neue Fiberglasangel und den hocheffektiven Spezialköder leisten. Damit ließe sich seine Tagesmenge an gefangenem Fisch mühelos noch einmal verdoppeln. ›Und dann?‹, fragt der Fischer, weiterhin verständnislos. Dann, entgegnet der ungeduldig werdende Unternehmer, könne er sich bald ein Boot kaufen, hinausfahren aufs tiefe Wasser und das Zehnfache an Fischen fangen, sodass er in kurzer Zeit reich genug sein werde, sich einen modernen Hochseetrawler zu leisten! Der Unternehmer strahlt, begeistert von seiner Vision. ›Ja‹, sagt der Fischer, ›und was tue ich dann?‹ Dann, schwärmt der Unternehmer, werde er bald den Fischfang an der ganzen Küste beherrschen, dann könne er eine ganze Fischfangflotte für sich arbeiten lassen. ›Aha‹, entgegnet der Fischer, ›und was tue ich, wenn sie für mich arbeiten?‹ Na, dann könne er sich zum Beispiel den ganzen Tag lang an den flachen Strand setzen, die Sonne genießen und angeln. ›Ja‹, sagt der Fischer, ›das tue ich jetzt auch schon.‹«

So sympathisch der Fischer auf den ersten Blick erscheinen mag, so hat er doch keine Wahl, ob er angeln geht oder nicht. Sein Alltag ist nicht die Umsetzung einer romantischen Idee der Selbstverwirklichung, sondern er muss angeln, um seinen Lebensunterhalt zu bestreiten. Für ihn ist das Verhältnis zwischen Vergangenheit, Gegenwart und Zukunft relativ klar. Sein Erwartungshorizont entspricht in weiten Teilen seinem Erfahrungshorizont. Für manche Menschen mag das eine verlockende und lohnenswerte Lebenssituation sein, doch machen wir uns nichts vor, den meisten von uns geht es vor allem darum, ihre Möglichkeiten und Optionen ständig zu vergrößern. Ähnlich dem Unternehmer streben wir nach Neuem, nach Veränderung. Unser Erwartungshorizont bleibt klar getrennt von unserem Erfahrungshorizont, und aufgrund dieser Einstellung plagt die meisten von uns eine permanente Angst, etwas Wichtiges zu verpassen. So unterliegt der Unternehmer einem ständigen Druck, immer neuere und bessere Schiffe zu erwerben, um im Konkurrenzkampf bestehen zu können. Nichts bleibt über den Moment hinaus beständig, alles ist im Fluss. Die Muße zum Angeln erweist sich am Ende als eine theoretische Möglichkeit, praktisch ist sie jedoch nicht. Die Angst und das Risikogefühl, alles verlieren zu können, machen jegliche innere Gelassenheit zu einem existenziellen Unterfangen. Während also der Unternehmer durchaus nach Ruhe und Gelassenheit streben mag, ist er doch immer ein Gefangener. Stillstand bedeutet Rückschritt – so lautet die Maxime.

Somit addieren sich unsere persönlichen Lebenserfahrungen im Ergebnis zu einer regelrechten Zeit- und Politikkrise, in der jegliche Form individueller und kollektiver Gestaltungsfähigkeit und Gestaltungsmöglichkeit torpediert wird. Demokratische Politik beruht im Prinzip auf zwei Grundannahmen, nämlich dass man Zukunft gestalten kann (Zukunft ist nicht gleich Vergangenheit) und dass die politischen Entscheidungsprozesse in einer repräsentativen Demokratie mehr oder weniger synchron mit den Eigenzeiten anderer Bereiche wie beispielsweise der Wirtschaft oder der Kultur sind. Beides

Die Zeitenwende der Globalisierung

verliert angesichts des sich einstellenden Gefühls einer alles erfassenden Kontingenz und Beliebigkeit immer mehr an Kraft.

Der Nationalstaat, obwohl sich seine Handlungs- und Sanktionsspielräume fundamental verändern, wird uns auch in naher Zukunft noch als Kristallisationspunkt politischer und gesellschaftlicher Legitimation erhalten bleiben. Unsere Geschichte, unsere Sprache, unsere gemeinsamen familiären und gesellschaftlichen Erfahrungen bilden zusammen genommen das Fundament nicht nur unserer individuellen, sondern auch unserer kollektiven Identitätsfindung. Der Grund hierfür liegt wohl darin, was der Philosoph Rüdiger Safranski einmal als »emphatische Ortsfestigkeit« beschrieben hat. Es sei nun einmal eine anthropologische Grundbedingung, dass Mobilität und Weltoffenheit durch Ortsfestigkeit ausbalanciert werden müssten. Man könne zwar global kommunizieren und reisen, aber noch lange nicht im Globalen wohnen. Konsequenterweise stellt Safranski sogleich die provokante Frage, wie viel Globalisierung der Mensch denn wohl vertrage.

Eine Erfolg versprechende politische Strategie der Globalisierung muss demzufolge die kulturelle Vielfalt und die Gefühle, Ängste und Hoffnungen einer breiten Mehrheit ernst nehmen und ansprechen können. Durch die Auflösung traditioneller Strukturen und die Fragmentierung unserer Gesellschaft stoßen wir immer öfter an die Grenzen unserer Koordinationsfähigkeit – ganz gleich ob in der Wirtschaft, der Politik oder der Wissenschaft. Im Umkehrschluss werden verwurzelte Wertehorizonte als konstitutive Bestandteile unserer Identität in Zukunft immer wichtiger, denn sie bilden das Zentrum unserer Identitätssuche. Für jeden Einzelnen von uns bedeutet das: Nur wer sich selbst noch finden und lokalisieren kann, wird an der Gesellschaft von morgen und der Globalisierung teilnehmen und teilhaben können.

4. Das Konzept der Einbettung: Vielfalt, Freiheit und Erfolg beruhen auf Bindungen

Unser Alltagsverständnis von Identität ist dem von Kultur nicht ganz wesensfremd. Beide präsentieren sich als ein offenes, werdendes Konzept. Insofern sollte die Suche nach oder die Profilierung einer persönlichen Identität nicht als quasi naturgegebener Abwehrkampf, sondern vielmehr als selbstbewusstes und transparentes Eintreten für eigene Positionen gesehen werden.

Unsere Gesellschaft und Wirtschaft sind in ein eng verwobenes Netz aus Institutionen, Netzwerken, kulturellen Rahmungen und kognitiven Vorstellungen eingebettet. So beeinflussen soziale Strukturen unser wirtschaftliches Handeln in vielerlei Hinsicht. Erstens prägen unsere sozialen Netzwerke, unsere Freunde und Kollegen den Austausch und die Qualität aller Informationen, die wir erhalten: vom Hauskauf über die Suche nach der besten Reparaturwerksatt bis hin zum Sonderangebot im Baumarkt. Wir verlassen uns in unserem Alltag sehr oft auf Informationen von Personen, die wir kennen. Darüber hinaus erfüllen soziale Netzwerke eine wichtige Kontrollfunktion. Soziale Belohnung und Anerkennung sind genauso wie Bestrafung eng mit unserer Familie, unseren persönlichen Freunden, Bekannten und Kollegen gekoppelt. Durch positive wie negative Reaktionen unserer Umwelt lernen wir, was es heißt, Teil einer Gemeinschaft zu sein. Schließlich entsteht Vertrauen – der alles entscheidende Kitt unserer Gesellschaft wie auch unserer Wirtschaft – nur in Verbindung mit unseren sozialen Netzwerken. Erst im Austausch mit anderen lernen wir, anderen zu vertrauen.

In der Analyse der Wirkungsweise von sozialen Strukturen auf unser wirtschaftliches Handeln hat sich eine ganze Reihe von Prinzipien etabliert. Manche davon entsprechen unserer Intuition, während andere erst auf den zweiten Blick verständlich werden. Zum einen ist von entscheidender Bedeutung, wie eng eine Gemeinschaft ist. Gemeinhin gilt: Je dichter ein soziales Netz ist, desto schneller, vielfältiger und verlässlicher sind die Informationen in diesem Netzwerk. Gleichzeitig sorgen die engen Beziehungen für eine größere Übereinstimmung in Bezug auf Normen und Werte, Abweichungen werden schneller bestraft als in größeren, anonymen Gemeinschaften. Je größer eine Gruppe ist, desto schwieriger wird die Kontrolle der sogenannten Trittbrettfahrer, also derer, die ohne eigene Leistung vom großen Ganzen profitieren wollen. Weniger intuitiv ist dagegen die Erkenntnis, dass in losen Netzwerken der Neuigkeitsgehalt von Informationen in aller Regel höher ist als in dichten Netzwerken. Der US-amerikanische Soziologe Mark Granovetter hat dieses Phänomen sehr passend als die Stärke der schwachen Verbindungen beschrieben. Am Ende brauchen wir also meist beides, einen engen Freundeskreis, der uns im Notfall auffangen kann, und entferntere Bekannte, die uns mit Informationen versorgen können, die wir von unseren engen Freunden nicht so einfach bekommen können. Unsere soziale Einbettung, sei es durch unsere Kultur, unsere Sprache, unsere politischen Systeme oder unsere religiösen Bindungen, ist im Grunde nicht sinnvoll von unserem wirtschaftlichen Handeln zu trennen.

Diese Einbettung und gegenseitige Bezugnahme verläuft ihrerseits nicht immer reibungslos. Sowohl in der Gesellschaft als auch in der Wirtschaft treffen materielle und ideelle Interessen aufeinander. So entsteht ein Spannungsfeld zwischen wirtschaftlicher Verwertungslogik auf der einen Seite und moralischer Konstitution auf der anderen Seite. Erfolgreiche und stabile Volkswirtschaften haben sich in der Vergangenheit auf einen tragfähigen gesellschaftlichen Konsens zwischen diesen beiden Kräftepolen einigen können. In Zeiten wachsender grenz- und kulturraumüberschreitender Transaktionen wird diese Konsensfindung allerdings zusätzlich erschwert. Denn bevor es zu einer einvernehmlichen Kooperation zwischen zwei Ländern, Unternehmen, Individuen kommen kann, stellt sich oft die Frage nach dem Geltungsbereich der eigenen Moralvorstellungen sowie den Vorstellungen des anderen. Ein Beispiel: die öffentliche Kritik an wirtschaftlicher Öffnung, den Regeln des internationalen Handels und dem prognostizierten »race to the bottom« – also dem sprichwörtlichen Wettrennen hin zu immer niedrigeren Umwelt- und Sozialstandards.

Der türkischstämmige Harvard-Ökonom Dani Rodrik sieht das ganz pragmatisch. Internationaler Handel beruhe nun einmal auf dem Aufspüren von Konvergenzpotenzialen auf Märkten für Güter, Dienstleistungen, Arbeit und Kapital. Dieser Anpassungsdruck erfasse Preise, aber eben auch nationale Regelungen und soziale Institutionen. Natürlich handeln wir nicht direkt mit unseren Normen und Institutionen, indirekt hingegen schon. Denn der Erhalt abweichender sozialer Regelungen wie beispielsweise die Einführung einer 35-Stunden-Woche verursacht neben hohen wirtschaftlichen auch hohe soziale Kosten. Darin sieht nicht nur Rodrik eine der Hauptquellen für die aktuelle Globalisierungskritik. Diese Kritik setzt nicht so stark an den ökonomischen Umverteilungen der Globalisierung an, sondern an unserem Verständnis von Fairness und Legitimität. Jede Gesellschaft ist sozial eingebettet, und diese Einbettung spiegelt sich in den moralischen Überzeugungen und Werten wie auch in formalen Gesetzen und Auflagen wider. Hierbei vergessen die Befürworter eines möglichst unbegrenzten Freihandels, dass auch bei uns viele potenzielle wirtschaftliche Handlungen blockiert beziehungsweise verboten sind. Arbeitszeitregelungen gehören in diese Kategorie wie auch das Verbot von Kinderarbeit. Der Kauf eines durch Kinderarbeit hergestellten Produkts mag unter ausschließlich ökonomischen Gesichtspunkten vorteilhaft erscheinen. In seinem Wesen untergräbt ein solcher Kauf allerdings unser Selbstverständnis. In allen diesen Fällen definiert unsere Gesellschaft Grenzen, die durch die Globalisierung zunehmend unter Druck geraten. Die Debatten über fairen Handel und gleichberechtigte Akteure sind Ausdruck sowohl unserer eigenen Identität, unserer gesellschaftlichen Einbettungen als auch der internationalen Unterschiede in der sozialen Einbettung von Gesellschaften. Unsere Konzeption von Gerechtigkeit ist dabei unmittelbar mit unserem eigenen Verständnis als Person, unserem Verhältnis zur Gemeinschaft und unseren Vorstellungen von Gut und Böse verbunden. Der kanadische Philosoph Charles Taylor nannte das die moralische Landkarte. Eine Landkarte, die bei Debatten etwa über Armut in Deutschland, den Mindestlohn oder die Höhe von Managergehältern immer mit im Spiel ist.

IV
Nationale Politik in der Globalisierung

1. Die Veränderung der Handlungsmacht
des Nationalstaats

Dass dem Staat eine Antwort auf die Frage nach den steigenden Ungleichheiten schwerfällt, lässt sich leider nicht mit den gängigen Vorurteilen gegenüber der Politik, sie sei ideenlos, selbstzufrieden, abgehoben oder was auch immer, erklären. Die Gründe liegen tiefer und haben sehr viel mit der Veränderung der politischen Gestaltungsmacht zu tun, die den staatlichen Institutionen zur Verfügung steht.

Wie die individuelle Teilhabe am volkswirtschaftlichen Erfolg über Jahrzehnte dafür gesorgt hat, dass die soziale Marktwirtschaft in Deutschland auf breite Zustimmung stieß, so ist die parlamentarische Demokratie in Deutschland deshalb auf breiter Ebene akzeptiert worden, weil die Bürger auf die Fähigkeit des Staats, zu handeln, Probleme zu lösen, »etwas zu tun«, nahezu umfassend und – wahrscheinlich seit Längerem – zu sehr vertrauten.

Der Staat, so die tief verankerte und breit geteilte Grundüberzeugung für mindestens vier Nachkriegsjahrzehnte, werde es schon richten: die Arbeitslosigkeit bekämpfen, Autobahnen bauen, Industrie ansiedeln, für Chancengleichheit sorgen, internationale Konflikte weit entfernt halten und darauf achten, dass niemand unter die Räder kommt. Dabei hat die Politik die Rolle des Staats als Macher nicht von Anfang an angenommen. In den 1970er-Jahren ist dann aber die Vorstellung von der allgemeinen staatlichen Machbarkeit, der Planbarkeit im Zeichen der Zukunftsbeherrschung sowie des in Quantitäten rechnenden Fortschrittsglaubens zum Durchbruch und zur vollen Blüte gelangt. Die Behauptung politischer Machbarkeit gesellte sich in dieser Zeit dem alten Wirtschaftswunder, das inzwischen nicht mehr als Wunder, sondern als selbstverständlich angesehen wurde, als frische Quelle politischer Legitimation hinzu. Die Bürger, auch das gehört zur Wahrheit, haben den Machbarkeitsanspruch der Politik, der von Anfang an Hybris war, akzeptiert, und viele haben ihn im Lauf der Zeit zu einem allgemeinen, an den Staat adressierten Konsumanspruch umgewandelt und als solchen verinnerlicht. Es ist kein Zufall, dass das Phänomen der Staatsverschuldung in dieser Zeit entstanden und parallel zu dem staatlichen Machbarkeitsanspruch gewuchert ist. 40 Jahre – von der ersten Großen Koalition bis zur zweiten in unseren Tagen – umfasst die Zeitspanne, in der die Politik den Anschein von Machbarkeit mit immer neuen Schulden und Krediten aufrechtzuerhalten versuchte. So sehr deshalb in der Politik der Haushaltskonsolidierung der jetzigen Großen Koalition eine richtige Änderung im Selbstverständnis von Politik liegt, so zeigt doch die politische Praxis von Jahrzehnten, welch fundamentale Bedeutung der Machbarkeitsanspruch von Politik in Deutschland hatte und wie hoch die Erwartung der Bürger in das »Machen« des Staates nach wie vor ist.

Doch selbst wenn wir über ähnliche Fähigkeiten verfügten wie die politischen Populisten unserer Tage, die in ihren Versprechungen auch aus heißer Luft unendliche Finanzmittel herzaubern: Es würde keinen wesentlichen Unterschied machen für den Handlungsspielraum des Staats. Die nationale Ordnungsmacht ist keine Frage des Geldes, sondern infrage gestellt durch die Veränderungen der Wirklichkeit. Mit der Globalisierung hat die Wirklichkeit den territorialen Rahmen des Nationalstaats überschritten. Das Territorialprinzip von Politik, mit dem der moderne Staat erfunden und das jahrhundertelang blutig verteidigt wurde, bricht sich heute an der Realität. Ob Kapitalmärkte, Investitionsentscheidungen, Klimawandel, innere Sicherheit, Terrorismus, all das findet maßgeblich nicht mehr innerhalb des Staatsterritoriums statt, über das sich der Staat wesentlich definiert.

Das ist kein theoretischer Diskurs, diese Veränderung der Wirklichkeit hat vielmehr handfeste Folgen, die exemplarisch an dem Bedeutungswandel des Sozialstaats verdeutlicht werden können. In seiner traditionellen Prägung hat sich der Wohlfahrtsstaat in der Funktion gesehen, bestimmte negative Folgen des Marktgeschehens zu korrigieren. Er hat sich um die Verlierer gekümmert, um diejenigen, die im Wettbewerb liegen geblieben waren; er hat Härten gemildert. Dabei stand der Staat außerhalb des Marktes. Er war so etwas wie ein Linienrichter und Sanitäter am Rande eines Fußballfeldes, beides in einer Person. Heute sind staatliche Sozialsysteme gewissermaßen selbst zum Spieler geworden, sie sind Teil des Marktbildungsprozesses. Die Höhe von Abgaben bestimmt mit darüber, wenn es in Unternehmen um Investitionsentscheidungen geht. Das hat einen ganz einfachen Grund: Es gibt keinen staatlichen Ordnungsrahmen mehr, den man als Investor einfach hinnehmen muss. Es gibt stattdessen vor allem viele unterschiedliche staatliche Ordnungsrahmen, die man vergleichen und gewichten kann, wenn man sich entscheidet, an welchem Ort in der Welt man seine Investitionen tätigen will. Vom Ordnungsrahmen zum komparativen Kostenfaktor internationaler Kapitalanlage! Der Staat kann also immer noch bestimmen, aber die anderen können reagieren.

Der US-amerikanische Soziologe Albert O. Hirschman hat darauf hingewiesen, dass es zwei prinzipielle Möglichkeiten der Reaktion auf eine als unbefriedigend empfundene Situation gebe: »Exit or voice«, Abwanderung oder Widerspruch. Entweder geht man einfach und verlässt den Schauplatz, oder man erhebt die Stimme, um zu einer Verbesserung der Situation zu gelangen. Die Mühen und Kosten, die mit der Option »Exit« verbunden waren, haben in der Vergangenheit dafür gesorgt, dass Unternehmen und Unternehmer sich erheblich für die Herstellung und Verbesserung eines nationalen Ordnungsrahmens engagiert haben. Unter den Bedingungen der Globalisierung aber ist die Option »Exit« viel attraktiver, weil viel leichter realisierbar geworden. Ich frage mich, ob hier ein Grund liegt, warum seit einigen Jahren – im Gegensatz zu früheren Jahrzehnten – in Deutschland politische Persönlichkeiten aus der Wirtschaft, die authentisch und darum mit Autorität an der öffentlichen Debatte teilnehmen, nicht mehr zu finden sind. Kann es sein, dass allein die Möglichkeit, die Exit-Option zu wählen, dazu führt, sich nicht mehr der Mühsal auszusetzen, öffentlich die Stimme zu erheben, zumal es einem oft noch nicht einmal gedankt wird? Dies muss gar nicht bewusst und willentlich erfolgen, sondern kann durchaus eine unbewusste psychologische Reaktion sein. Wie dem auch sei, die Masse der Bevölkerung verfügt nicht über die Alternative »exit or voice«, sondern sie ist an ihr Land, ihre Stadt, ihre Familie, ihren Arbeitsplatz gebunden. Das Gefühl, dass dies bei der wirtschaftlichen Elite des Landes nicht so ist und darum an die Stelle innerer Bindung die ökonomische Evaluation der Standortbedingungen tritt, führt wiederum dazu, dass ökonomisch notwendige Entscheidungen von Unternehmen wie globale Marktpräsenz, wozu auch zählt, Produktionsstätten im Ausland zu unterhalten, nicht von einem breiten Vertrauen getragen werden, dass dies letztlich für das eigene Land und die Arbeitsplätze hierzulande gut sei. Und genau dieser Vertrauensverlust landet am Ende wieder bei der Politik und mündet in die Frage, was denn eigentlich die Rolle des ordnenden Staats in diesem Spiel sei.

Die Veränderungen, die soeben beispielhaft anhand des Bedeutungswandels des Sozialstaats in der Globalisierung geschildert wurden, sind ähnlich auch in der Steuerpolitik, im Arbeits- und Kündigungsrecht, bei Umwelt- und Gewerbeauflagen und vielen anderen Feldern der Politik zu beobachten. Es geht also nicht um die Veränderungen in einzelnen Sektoren. Es ist der Staat selbst, der herausgefordert ist in seiner traditionellen Handlungsmacht als territorial organisiertes Gebilde.

Die Politik hat darauf reagiert, indem sie unser Land in übernationale Strukturen eingebunden hat. Internationale Einbindung, insbesondere die europäische Integration, bedeutet also entgegen ihrer verbreiteten Verunglimpfung prinzipiell nicht Verlust staatlicher Souveränität, sondern ist eine zeitgemäße Form ihrer Wahrnehmung. Wenn sich zum Beispiel auf europäischer Ebene die Staaten auf gewisse Sozial- oder Umweltstandards einigen, dann hat dies Einfluss auf das Verhalten von Unternehmen und Kapital. Die Kosten eines »Exits«

werden höher, weil jemand, der den Standards entgehen will, sein Unternehmen oder seine Produktion ganz aus Europa hinausverlegen muss, mit allen Risiken und Unwägbarkeiten, die das zur Folge hat. Zugleich wird die Notwendigkeit eines »Exits« gesenkt, weil zumindest in Europa auch die Konkurrenz die vereinbarten Standards nicht unterschreiten kann, sondern diese eine einheitliche Wettbewerbsbasis bieten.

Manche vertreten die Auffassung, damit sei das Problem des Machtverlusts des Nationalstaats im Wesentlichen erledigt. Der Übertragung nach oben müsse nur noch der konsequente Rückbau im Innern folgen. Ich halte den Ruf der vergangenen Jahre nach dem Minimalstaat mit Minimalregulierung, Minimalsteuern, Minimalzuständigkeiten unter dem Motto »Privat vor Staat« für eine zwischenzeitlich bereits wieder überholte Modeerscheinung. Es reift wieder die Erkenntnis, dass der Staat keinesfalls ausgedient habe. Was aber überhaupt nicht bedeutet, dass er so bleiben kann, wie er ist. Er kann und muss vielmehr in seinen Aufgaben neu definiert und auf diese Weise neu legitimiert werden. Die Globalisierung treibt nach außen, sie wirkt zentrifugal. Der Staat – zwar nicht allein, aber ohne ihn wäre es unmöglich – muss das Gegengewicht des Zusammenhalts bilden, er muss den Einzelnen stärken und verteidigen, er muss für Inklusion sorgen, wo die Globalisierung ausschließt.

Die territoriale Organisation des Staats einerseits und die globale Wirklichkeit andererseits werfen allerdings nicht nur die Frage nach der Handlungsfähigkeit und der Adjustierung der Aufgabenerledigung nach Ebene und Inhalt auf. Dieses Auseinanderfallen erzeugt ein weiteres grundlegendes Problem, nämlich ein Demokratieproblem. Denn wie der Staat insgesamt ist auch unsere Demokratie, also unsere Verfahren und Institutionen der Legitimation von Macht, mit dem (föderalen) Nationalstaat verknüpft. Wenn nun, wie beschrieben, der Nationalstaat seine Souveränität immer stärker dadurch wahrnimmt, dass er sich europäisch und international mit anderen Nationalstaaten zusammenschließt und in den unterschiedlichsten Formen und Institutionen kooperiert, dann ergibt sich eine neue Diskrepanz zwischen internationaler Machtausübung und nationaler Legitimation von politischer Macht. Überspitzt formuliert: Dort, wo die Gewählten sitzen, wird nichts mehr entschieden, und dort, wo entschieden wird, sitzen keine Gewählten mehr. Sicher eine Übertreibung. Aber dennoch: Es besteht die Gefahr und die Tendenz, dass die Institutionen des demokratischen Staats unter dem Einfluss der Globalisierung langsam der Auszehrung anheimfallen. Die Globalisierung ruft also nicht nur nach einer neuen Organisation von Staat, sondern auch nach einer neuen Organisation von Demokratie. Als Werk der internationalen Experten und Exekutiven wird die Globalisierung kein Bürgerprojekt werden. Jede Form von Macht bedarf der demokratischen Legitimation. Dies gilt auch für die neuen Mächte in der Globalisierung.

2. Die neuen Geografien der Globalisierung

Zwar gibt es mittlerweile keine spektakulären Entdeckungen neuer Kontinente mehr zu vermelden, doch trotzdem kommt es in unseren Tagen immer wieder zu geopolitischen (Neu-)Entdeckungen. Die öffentliche

Wahrnehmung Afrikas als ambitionierter Akteur mit eigenen Interessen und mit ganz eigenen Potenzialen jenseits von Rohstoffen ist nur ein aktuelles Beispiel für einen solchen Vorgang. Wie ein Suchscheinwerfer streift unsere mediale Aufmerksamkeit umher, immer auf der Suche nach etwas Neuem, etwas vermeintlich Unbekanntem. Durch die Kürze der Verweildauer fällt oftmals gar nicht weiter auf, dass das Neue in Wahrheit etwas schon Bekanntes ist. Doch treten wir zunächst bewusst einen Schritt zurück und beleuchten den Begriff der Geografie ein wenig stärker. Wie schon erwähnt, unsere Landkarten haben sich in den vergangenen zwei Jahrhunderten nicht mehr großartig verändert, vielmehr haben sich eher unser Verständnis und unser Umgang mit Entfernungen ganz grundsätzlich gewandelt.

In auffallend vielen Geschichten über die Globalisierung wird als symbolischer Ausgangspunkt immer wieder das Bild unseres Planeten beschworen, so wie es Ende der 1960er-Jahre aus dem Weltraum aufgenommen wurde. Doch während dieses Bild der Erde vor dem tiefblauen Hintergrund des Weltalls für die im Entstehen begriffene Umweltbewegung zum Inbegriff der Beschränktheit und zum Sinnbild einer endlichen (finiten) Welt wurde, in der jeder mit jedem und alles mit allem zusammenhängt, erfuhr es im Lauf der Zeit zusätzlich eine gänzlich andere Deutung. Das Bild unseres Planeten aus der Vogelperspektive eignete sich nämlich ebenso hervorragend, um zu zeigen, dass es sich wirklich um eine Welt, das heißt einen zusammenhängenden und gleichsam entgrenzten Raum, handelt. So gesehen wird die Welt zu einem »offenen Mobilitätsraum« (Wolfgang Sachs) ohne große räumliche und zeitliche Beschränkungen. Vergebens sucht man nach den wohlvertrauten Farben oder den schnurgeraden Grenzlinien, wie wir sie aus unzähligen Weltkarten und Atlanten kennen. Doch ist die Welt nun größer oder kleiner geworden – leben wir also schon in dem vielbeschworenen globalen Dorf oder doch noch in der wohligen Vertrautheit nationalstaatlicher Souveränität und Konfliktlösung?

Die Vermessung der Globalisierung

Eine der bestimmenden Größen in der Wirtschaftsgeografie ganzer Industrien, ja ganzer Volkswirtschaften ist die Distanz, die räumliche Entfernung. Hierunter fällt sowohl die Entfernung der Quellen oder Bezugspunkte für Rohstoffe und Vorprodukte als auch die Entfernung der Produktion zu den wichtigsten Märkten und Kunden. Auf beiden Seiten der wirtschaftlichen Gleichung – Produktion und Verkauf/Absatz – spielt die Entfernung also eine gewichtige Rolle. Spätestens seit der zweiten industriellen Revolution prägt die bewusste und gezielte Häufung oder Agglomeration von Produktionsbetrieben und Produktionsprozessen die Wirtschaftsgeografie aller ökonomisch erfolgreichen Nationen. Folgerichtig stand die Konzentration von physischem Kapital, angefangen vom Schraubenzieher über die Fabrikhalle bis hin zu den Bahngleisen oder dem Schiffsweg für den Weitertransport, regelmäßig im Zentrum nationaler Wirtschaftspolitik. Seit der zweiten Hälfte des 20. Jahrhunderts können wir nun eine starke geografische Fragmentierung von Produktionsprozessen beobachten.

Der Aufbau von Produktionsstätten in anderen Ländern als im Heimatmarkt ist nicht mehr den großen, transnationalen Konzernen vorbehalten, auch kleine und mittlere Unternehmen produzieren und verkaufen ihre Produkte und Dienstleistungen weltweit. So ermöglicht eine immer leistungsfähigere Software einer wachsenden Zahl von Unternehmen, den Produktionsprozess in viele kleine Einzelschritte zu unterteilen und diese dann wiederum an die für sie (kosten)günstigsten Orte auf dem Globus zu verteilen. Gleichzeitig ist unsere Erde mittlerweile von einem engen Netz internationaler Handelsbeziehungen produzierender Unternehmen überzogen, den sogenannten Wertschöpfungsketten. Die Existenz und vor allem die Expansion dieser Ketten lässt sich gut am rasanten Wachstum grenzüberschreitender Direktinvestitionen ablesen, aber auch ganz profan an den Erfolgsbilanzen der Transportbranche. So erlebte die Seeschifffahrt ihre »Stunde null« der neueren Globalisierung genau am 26. April 1956, als der erste Standardcontainer verladen wurde. Die Idee des US-amerikanischen Unternehmers Malcolm McLean war so simpel wie genial. Anstatt alle Produkte einzeln zu be- und entladen, könnte man doch alles in eine Kiste packen und somit viel Zeit und noch mehr Geld sparen. Nachdem große Fuhrunternehmen und die Eisenbahnlinien keinerlei Interesse an seiner Erfindung gezeigt hatten, wandte sich McLean an die Reeder, und der Standardcontainer trat seinen bis heute andauernden weltweiten Siegeszug an. Diese kleine Globalisierungsgeschichte der Seeschifffahrt ist beileibe kein Einzelfall, viele andere Branchen und Industrien können auf ähnliche Erweckungserlebnisse verweisen, die unser Verhältnis zu räumlichen und zeitlichen Dimensionen nachhaltig verändert haben.

Ginge es nach den Apologeten der (fast) reibungslosen Globalisierung, dann entwickelte sich unsere Erde wieder zu einer Scheibe, jedenfalls im metaphorischen Sinn.

Selbstbewusst wird nun das Ende der Geografie proklamiert. In einer flachen Welt spielt es letztlich überhaupt keine Rolle mehr, wo sich Individuen oder Unternehmen und ihre Produktionsstätten physisch befinden. Das Projekt der Moderne, nämlich den Raum durch Kompression zu überwinden, scheint sich dank der mittlerweile verfügbaren Informations- und Kommunikationstechnologie endlich umsetzen zu lassen. Zudem sagt uns unsere Intuition, dass der allgemeine Trend zur Dienstleistungs- und Informationsgesellschaft diese Entwicklung der Entgrenzung eigentlich noch weiter verstärken müsste. Denn viele moderne Dienstleistungen sind heute schon digitalisierbar, das heißt sie können an nahezu jedem Ort der Welt produziert und somit auch an nahezu jedem beliebigen Ort der Welt konsumiert werden. Genau diese Ortsunabhängigkeit oder Ubiquität ist es, die viele Befürworter der Globalisierung ins Schwärmen kommen lässt, da sie Menschen mit ganz unterschiedlichen Hintergründen den größtmöglichen Zugang zu Wirtschaft, Gesellschaft und Kultur zu ermöglichen scheint und gleichzeitig als Synonym für höchste Effizienz gelten kann.

Offensichtlich verliert der Raum eine ganze Reihe seiner klassischen Eigenschaften. Denn während das Globale, sei es in der Politik, der Wirtschaft oder der Kultur, oftmals positiv besetzt und von einer Aura der mobilen Reibungslosigkeit und Ortsunabhängigkeit umgeben ist, wirkt im Gegenzug das Lokale fast schon als etwas Negatives, da es (Reibungs-)Verluste erzeugt und somit als Ausdruck einer gewissen Rückständigkeit gedeutet wird.

Allerdings mehren sich ebenso die Stimmen derer, die der weitverbreiteten Vorstellung von einem flachen Planeten, auf dem räumliche und zeitliche Entfernung eine immer kleinere Rolle spielen, widersprechen. So verweist Pankaj Ghemawat, Professor an der Harvard Business School, unter anderem auf die Relation zwischen der Anzahl weltweiter Migranten und der Weltbevölkerung, um zu zeigen, dass die Effekte und der aktuelle Stand weltumspannender Integration erheblich überschätzt werden. So betrug um 1900 der Anteil aller Migranten an der Weltbevölkerung drei Prozent und auch über hundert Jahre später hatte sich an dieser Relation praktisch nichts verändert (2005: 2,9 Prozent). Eine intuitive Schätzung hätte wohl zu einem etwas anderen Ergebnis geführt.

In vielen Bereichen seien überdies die neuen, viel umjubelten Rekordmarken erst vor Kurzem erreicht worden. Das Gesamtvolumen ausländischer Direktinvestitionen habe gemessen am Bruttosozialprodukt vieler Länder erst in den 1990er-Jahren wieder das Niveau der Jahre vor dem Ersten Weltkrieg erreicht. Allen Unkenrufen und populären Annahmen zum Trotz fließt der Großteil dieser Investitionen immer noch in »reiche« Länder (OECD-Welt) und nicht in die Schwellen- oder gar in die Entwicklungsländer. Unternehmen sind also hauptsächlich auf der Suche nach den hohen Einkommen der Konsumenten und nicht etwa nach den niedrigen Löhnen der Arbeitnehmer.

Studien zur Wechselbeziehung zwischen wirtschaftlichen Aktivitäten und internationalem Handel einerseits und der lokalen oder regionalen Ballung der wichtigsten wirtschaftlichen Akteure andererseits haben eine lange Tradition. Mittels der Analyse historischer Handelsdaten kommt die Mehrzahl von ihnen zu dem Ergebnis, dass die räumliche Nähe oder Entfernung weiterhin die zentrale Determinante für bilaterale Handelsvolumina ist. Nicht selten hat deren Bedeutung sogar zugenommen. Zudem spielen auch heute noch nationalstaatliche Grenzen und damit zusammenhängende unterschiedliche Regularien und Normen eine nicht zu unterschätzende Rolle. Die internationalen Märkte bleiben höchst fragmentiert, und innerstaatlicher Handel erreicht oftmals ein Vielfaches an Volumen, verglichen mit internationalem Handel über Grenzen hinweg. Kurzum, die Internationalisierung vieler Industrien und Branchen ist also weit davon entfernt, Grenzen überflüssig zu machen, und trotz unseres gewandelten Verständnisses von Raum und Zeit ist die Welt ökonomisch noch lange kein Dorf. Pankaj Ghemawat spricht deshalb vornehmlich von einer Art Semi-Globalisierung, die in Wirklichkeit viel fragiler ist, als viele ihrer Befürworter und Kritiker annehmen.

Als erstes Fazit lässt sich also festhalten, dass wir zwar in einzelnen Bereichen ein globales Dorf oder besser gesagt eine ganze Reihe globaler Dörfer im Entstehen beobachten können, doch diese Entwicklung ist für den Rest der Welt weder zwingend noch zeitlich absehbar. Nationalstaatliche Grenzen stehen auch im Zeitalter der Globalisierung für zahlreiche Brüche und Diskontinuitäten, angefangen bei der Sprache und unseren Traditionen über die Infrastruktur bis hin zu unterschiedlichen sozialstaatlichen Regeln. Im Ergebnis sind also sowohl Zusammenarbeit als auch die Ablehnung von Zusammenarbeit – Kooperation und Nicht-Kooperation – deutlich schwieriger geworden.

3. Neue (alte) Geografien der Macht

Während einer Mehrheit der Deutschen das globale Dorf schon viel zu groß geworden ist, verschieben sich die globalen Kräfteverhältnisse unablässig. Vor allem wirtschaftliche Akteure konnten in den vergangenen zwei, drei Jahrzehnten ihren Handlungsspielraum dramatisch erweitern, indem sie offensiv mit den Veränderungskräften der Globalisierung umgegangen sind. Große und kleine Unternehmen weltweit haben den technologischen Wandel ganz selbstverständlich für ihre Zwecke genutzt. Die Politik konnte bei diesem Tempo nicht mithalten, und die Konsequenzen daraus sehen wir immer deutlicher. Die Globalisierung hat also nicht nur eine, sondern gleich mehrere Geschwindigkeiten. Abhängig davon, welche Akteure oder welchen gesellschaftlichen Bereich man sich anschaut, zeichnen sich ganz unterschiedliche Bilder der Veränderung ab.

Ein Beispiel für diese neue Wirklichkeit und das damit einhergehende neue Rollenverständnis der Akteure: Der deutsche DAX-Konzern Adidas arbeitete von 2000 bis Mitte 2002 mit dem Unternehmen Hermosa Manufacturing in El Salvador zusammen. Im Jahr 2002 wurde diese Zusammenarbeit beendet. Knapp drei Jahre später schloss die Textilfabrik endgültig ihre Tore, und 250 Arbeiter und deren Familien standen mehr oder weniger über Nacht auf der Straße. Viele dieser Arbeiter warteten vergeblich auf von ihnen eingeforderte Entschädigungszahlungen und auf die Bezahlung schon geleisteter Arbeit und Überstunden. Obwohl Adidas zum Zeitpunkt der Schließung kein Kunde der Fabrik mehr war, verlangten lokale und internationale Organisationen ein direktes Eingreifen des Konzerns mit den drei Streifen. Als erste Reaktion versuchte dieser, mit Offiziellen der salvadorianischen Regierung ins Gespräch zu kommen. Relativ schnell stellte sich heraus, dass der Fabrikbesitzer zahlreiche Verstöße gegen nationale Gesetze begangen hatte. So wurden zwar Sozialversicherungsbeiträge vom Lohn der Arbeiter abgezogen, aber nicht bei den zuständigen Organisationen eingezahlt. Viele Arbeiter standen also nicht nur ohne Arbeit, sondern auch ohne finanzielle Absicherung und Krankenversicherung da. Diese ersten Gespräche mit Offiziellen fanden im Zeitraum November 2005 bis Juni 2006 statt. Jedes Mal wurden Versprechungen gemacht, die am Ende nicht eingehalten wurden. Mitte 2006 brach dann die salvadorianische Seite die Gespräche einseitig ab und verweigerte jeden weiteren Kontakt. Nach weiteren erfolglosen Versuchen, zu einer Lösung des Konflikts zu kommen, entschloss sich Adidas zu einer neuen Herangehensweise. Im Oktober 2007 schaltete der Konzern in den zwei größten Zeitungen des Landes eine Anzeige, mit der ein offener Brief an die Regierung abgedruckt wurde. In diesem Brief beschrieb Adidas die lange Entstehungsgeschichte des Konflikts und die zahlreichen Zusagen der Regierung, die nicht eingehalten wurden. Gleichzeitig stellte das Unternehmen vier zentrale Forderungen, unter anderem die Einrichtung eines speziellen Pensionsfonds für die ehemaligen Arbeiter und die Beseitigung einiger regulatorischer Lücken in der nationalen Gesetzgebung. Die Reaktion ließ nicht lange auf sich warten. Die Regierung von El Salvador entschied sich, den Dialog wieder aufzunehmen, und einige Verbesserungen geben inzwischen Anlass zur Hoffnung.

De facto übernimmt ein Unternehmen wie Adidas mit

einem solchen Appell eine genuin politische Funktion, wie sie traditionellerweise eher einem Nationalstaat zukommen würde. Unternehmen werden von einer aufstrebenden globalen Zivilgesellschaft zunehmend für die politischen und sozialen Folgen ihres Handelns haftbar gemacht. Immer mehr Unternehmen müssen ihren Kunden, Mitarbeitern und der allgemeinen Öffentlichkeit Rechenschaft ablegen sowohl über ihre wirtschaftliche als auch über ihre soziale Nachhaltigkeit. Die »triple-bottom-line« – Ökonomie, Soziales, Ökologie – ist zum akzeptierten Standard einer Bewegung aus Unternehmen und zivilgesellschaftlichen Organisationen geworden, die nicht mehr auf den Staat allein warten wollen. Stattdessen nehmen sie die Gestaltung der Welt von morgen selbst in die Hand.

Gleichzeitig gibt es kaum noch eine Organisation oder ein Forum der internationalen Zusammenarbeit, in dem aktuell noch nicht über schleichenden Machtverlust und fehlende Einfluss- und Sanktionsmöglichkeiten debattiert worden wäre. Selbst überzeugte Multilateralisten fragen sich mittlerweile, welche Rolle traditionelle Leitinstitutionen wie der Sicherheitsrat der Vereinten Nationen oder die G8 in Zukunft spielen können. Der Nationalstaat, wie wir ihn kennen, erfährt eine Depotenzierung ohnegleichen und vermag immer weniger die transnationale Realität zu bestimmen oder zumindest noch zu steuern. Für die Globalisierungsverweigerer ist an dieser Stelle die Sache relativ klar. Ein Gefühl der Ohnmacht und der Hilflosigkeit wird gepflegt und somit der Boden bereitet für eine Globalisierungsagenda, getrieben von Angst und Verunsicherung. Angst vor dem Verlust von Arbeit, Einkommen und Sicherheiten. In einem solchen Klima fällt der erste Blick auf die gesellschaftlichen

Unterschiede und Ungerechtigkeiten. Das Positive und Mitreißende wird dagegen oftmals übersehen oder infrage gestellt. Doch die deutsche Politik wäre schlecht beraten, wenn sie sich von Ängsten leiten lassen würde. Wirksame Politik beruht immer auf einer ehrlichen Analyse der Lage. Negative Entwicklungen dürfen nicht aus taktischen Gründen verschwiegen werden. Doch erfolgreiche und verantwortungsvolle Politik muss sich im Kern immer auf die Zukunft beziehen. Denn ohne Zukunftsperspektive gibt es keinen Gestaltungsanspruch. Ohne Optionen auf die Zukunft bleibt nur noch die Resignation – das aktive Handeln übernehmen dann andere.

V
Die Folgen globaler Wohlstandsentwicklung

Die Neigung, auch internationale Zusammenhänge mit dem Blick nach innen zu betrachten, ist nicht nur in unserem Land verbreitet. Darum wird oft übersehen, dass nicht nur Deutschland und Europa (insgesamt) wirtschaftliche Gewinner der Globalisierung sind. In vielen anderen Ländern ist in den vergangenen Jahren das Lebensniveau geradezu sensationell gestiegen. Viele Hundert Millionen Menschen haben sich durch die Vorteile von intensiverem Welthandel und von internationaler Arbeitsteilung aus bitterer Armut zu bescheidenem Wohlstand hinaufarbeiten können. Diese erfreuliche Entwicklung, die noch so viele Milliarden an staatlicher Entwicklungshilfe nicht bewirkt hätten, offenbart nicht nur, wie eurozentrisch, sondern auch wie egozentrisch die pauschale Globalisierungskritik ist. Sie ignoriert die vielen, vielen Menschen in anderen Erdteilen, für die Globalisierung humanitärer Fortschritt bedeutet.

Die anhaltend dynamische Wirtschaftsentwicklung in den sogenannten Schwellenländern bringt eine Reihe von Konsequenzen für Europa mit sich. Das Wachstum in diesen Ländern hat sich zu einem beachtlichen Beitrag des globalen Wirtschaftswachstums entwickelt, dynamisiert also zugleich die Weltwirtschaft. Die gleichmäßigere, dezentrale Verteilung der globalen Wirtschaftskräfte stabilisiert zudem die bislang dominierenden Volkswirtschaften in den USA, Japan und Westeuropa. Das Wachstum in Schwellenländern wie Brasilien, China, Indien, Russland und Südafrika hat insgesamt eine stabilisierende Wirkung auf die Konjunktur in den USA und in Europa, die gegenwärtig eine außerordentliche Schwächeperiode durchlebt. Früher galt noch stärker als heute, dass wenn Amerika einen Schnupfen hat, Europa zwangsläufig eine Grippe bekommt. Auch wenn man nicht direkt von einer Abkopplung sprechen kann, so hat das Wachstum in den Schwellenländern und dessen Rolle als zusätzlicher Motor der Weltwirtschaft in der Tendenz zu einer größeren konjunkturellen Robustheit Europas beigetragen. Die Kehrseite dieser neuen, dynamischen wirtschaftlichen Multipolarität ist das Ende der wirtschaftlichen Nachkriegshegemonie des Westens, insbesondere der USA. Allerdings hält die politische Weltordnung in erschreckender Weise nicht Schritt mit der Entwicklung dieser wirtschaftlichen Multipolarität. Ein eindrucksvolles Zeugnis der gefährlichen Ungleichzeitigkeit beider Entwicklungen lieferte das Scheitern der Welthandelskonferenz im vergangenen Jahr, wobei das Scheitern selbst nicht einmal der schwerwiegendste Grund zur Beunruhigung war. Das war vielmehr die öffentlich demonstrierte allseitige Unfähigkeit, sich über jeweils innenpolitisch relevante Partikularinteressen hinwegzusetzen, um das zu erreichen, was den einzelnen nationalen Interessen und allemal dem gemeinsamen Interesse am meisten entsprochen hätte: einen fairen, freien Welthandel. Dabei soll nicht unerwähnt bleiben, dass die Europäer noch die mit Abstand beste Figur bei den Verhandlungen gemacht haben.

Die neue Verteilung von Wachstum und die wirtschaftlichen Erfolge der Globalisierung in den Schwellenländern haben nicht nur eine machtpolitische Komponente, die sich in der Ablösung westlicher Hegemonie durch eine neue Multipolarität äußert. Sie markieren zugleich auch das Ende des westlichen Privilegs auf Wohlstand. Es gibt immer mehr Südafrikaner, Inder, Brasilianer, Russen oder Chinesen, die sich das, was bisher als westlicher Lebensstandard reserviert war, ebenfalls leisten können und wollen. Das ist einerseits keine Bedrohung für uns. Denn unsere europäischen Nachbarn sind deshalb unsere wichtigsten wirtschaftlichen Partner, weil wir uns wirtschaftlich auf Augenhöhe begegnen. Andererseits zwingt uns der Anspruch von immer mehr Menschen auf westlichen Wohlstand zu der Erkenntnis, dass der Lebens- und Konsumstil des Westens nicht verallgemeinerungsfähig ist. Den westlichen Ressourcenverbrauch auf die übrige Menschheit zu übertragen hieße, den Globus zum Kollaps zu bringen. Mit anderen Worten: Die weltweite Wohlstandsentwicklung trägt einen ökologischen Imperativ als Überlebensprinzip in sich.

Damit ist keine Bedrohung, sondern eine politische Agenda beschrieben. Dem ökologischen Imperativ der Globalisierung zu folgen beinhaltet erstens den Zwang zu internationaler Kooperation. Die internationale Klimaschutzpolitik liefert ein ermutigendes Beispiel des Möglichen, das zur Methode werden muss. Sie ist ganz nebenbei ein Beispiel dafür, was Europa in der Welt erreichen kann, wenn wir einig sind. Hierin liegen sowohl eine Ermutigung als auch eine Verpflichtung Europas, sich bei der Errichtung einer neuen Architektur der Weltfinanzordnung politisch zusammenzuschließen, inhaltlich zu einigen und diese so maßgeblich zu prägen.

Der ökologische Imperativ der globalen Wohlstandsentwicklung erfordert zweitens eine Änderung der westlichen Lebensweise, und zwar im Wesentlichen einen

Verzicht auf die Verschwendung von Energie. Der Anreiz hierzu wird über den Markt erfolgen, also über die hohen Energiepreise, die zu einer sinkenden Nachfrage geführt haben und weiter führen werden. Drittens ist dem ökologischen Imperativ durch technologische Innovation Rechnung zu tragen. Die Innovationen, die zu Nachfrage- und damit auch zu Kostensenkungen bei den Verbrauchern führen, werden aber tendenziell und mindestens für eine Übergangszeit der Preisentwicklung hinterherhinken. Darum muss viertens die Politik, die den ökologischen Imperativ befolgt, auch eine soziale und wirtschaftliche Komponente aufweisen. Energieversorgung gehört zu unseren individuellen wie industriellen Grundbedürfnissen. Sie muss darum sicher und bezahlbar bleiben.

Die Veränderungen, welche die Globalisierung den Menschen abverlangt, sind also ebenso umfassend wie fundamental. Sie beinhalten enorme und ungekannte Erweiterungen individueller Handlungsmöglichkeiten; sie führen zu Erschütterungen jahrzehntealter Lebensgewissheiten. Sie verbinden Menschen weltweit und erzeugen Wahrnehmungswelten innerhalb von Gesellschaften, die gegensätzlicher nicht sein könnten.

Gibt die Politik den Menschen auf all das eine Antwort?

Das Misstrauen gegenüber Politik und Politikern

Ein Vergleich, wie die Wirklichkeit durch die Globalisierung verändert worden ist und wie die Politik sich auf diese Veränderungen eingestellt, angepasst und selbst aktiv verändert hat, könnte unterschiedlicher kaum ausfallen. Die beschriebenen Veränderungen durch die Globalisierung sind umfassend und fundamental. Die Antworten der Politik auf diese Veränderungen sind es nicht.

Diese Diskrepanz zwischen der Wucht und Dynamik der Veränderungen der Wirklichkeit und den im Wesentlichen alten Mustern der Politik bedeutet zwangsläufig, dass die politische Ordnung, die – wenn sie nicht ideologisch ist – sich doch an der Wirklichkeit zu orientieren hat, mit der tatsächlichen Entwicklung nicht Schritt hält und ihr darum ihre Ordnungsfunktion sukzessive entgleitet. Dabei erwarten die Menschen in Zeiten der Veränderung, die sie verunsichern, von der Politik wahrscheinlich sogar mehr Orientierung und Unterstützung, als diese überhaupt zu leisten vermag.

Dass eine grundsätzliche und konstruktive Debatte über die Anforderungen, welche die Globalisierung an unsere Politik stellt, fehlt, ist allerdings kein Spezifikum der Parteien in unserem Land. Ich kann sie auch nicht in den Gewerkschaften, den Wirtschaftsverbänden, den Kirchen, als wissenschaftlichen Diskurs oder gar als allgemeine öffentliche Diskussion entdecken. Das Fehlen einer solchen Debatte ist ein bemerkenswerter Unterschied zu dem intellektuellen Vorlauf, auf den sich die Einführung der sozialen Marktwirtschaft als das politisch durchgesetzte Ordnungskonzept nach dem Krieg stützen konnte.

Dass eine strategische Beschäftigung mit der Globalisierung von großem Erfolg gekrönt sein kann, ist auf einem ganz anderen Sektor als dem der Politik bewiesen worden. Man braucht nur einen kursorischen Blick in unsere Unternehmenslandschaft zu werfen, um die Unterschiede zu erkennen, die sich hier zwischen den Erfahrungswelten von Politik und Wirtschaft auftun: Es gibt unzählige kleine, mittelständische und große Unternehmen in Deutschland, deren wirtschaftlicher Erfolg sich ganz wesentlich darauf gründet, dass sie sich strategisch konsequent auf die Globalisierung eingestellt haben. Tausende von Entscheidungsträgern sind ständig intensiv mit den Anforderungen beschäftigt, welche die Globalisierung an ihr Unternehmen stellt, sie treffen unangenehme, sicher schwierige, möglicherweise riskante Entscheidungen, machen ihre Erfahrungen und lernen daraus. Tausende von Unternehmen sind mit alldem auch äußerst erfolgreich geworden, haben Arbeitsplätze in Deutschland gesichert oder geschaffen, Geld verdient, Steuern gezahlt und daneben systematisch in Forschung und Entwicklung investiert und sich nicht auf dem Erfolg ausgeruht. Für die Entscheidungsträger in der politischen Sphäre dagegen scheint das Thema Globalisierung fast ein Tabu zu sein, eine No-Go-Zone, sicher aber ein Gelände, das keine Aussicht auf schnellen politischen Erfolg verspricht.

Das mag auch damit zusammenhängen, dass man über eine strategische Antwort auf die Globalisierung nicht sprechen kann, ohne auf ein Thema zu stoßen, über das zu sprechen in Deutschland seit einigen Jahren nicht mehr opportun ist: die Notwendigkeit von Reformpolitik. Allerdings war die alte Debatte um die Reformpolitik von vornherein mit einem verhängnisvollen Missverständnis belastet, das Reformen als Synonym für die Einsicht in Verzicht, Opfer und Belastung diskreditierte. Das richtige Verständnis von Reformpolitik erschließt sich gerade im Kontext der Globalisierung: Reformpolitik ist Ordnungspolitik für eine veränderte Wirklichkeit. Es geht nicht darum, das »erträgliche Maß an Zumutungen« zu definieren, sondern es geht um eine Politik, die den Anspruch erhebt, Wirklichkeit nicht nur zu erleiden, sondern zu gestalten.

Eine solche politische Wirklichkeitsgestaltung ist möglich, notwendig und dringlich.

Es ist zum Beispiel höchste Zeit, zu einer Neuordnung der globalen Finanzmärkte zu kommen mit dem Ziel, einerseits die Märkte so offen wie möglich zu halten, andererseits aber sowohl die Verbraucher als auch die Märkte selbst vor Spekulationsblasen zu schützen. Die letzte Finanz- und Bankenkrise hat das Erfordernis einer globalen Finanzmarktverfassung noch dringender gemacht. Es wäre – ein ganz anderes Thema, aber mit derselben Dringlichkeit – wichtig, zu einer Neuordnung der Energiemärkte zu kommen, damit wir dort einen Ausgleich zwischen Klimaverträglichkeit und Versorgungssicherheit sowie Sozial- und Wettbewerbsverträglichkeit erreichen können. Eine Bildungsreform tut not, die Exzellenz ebenso fördert wie sie verhindert, dass Menschen bereits im Kindesalter von Lebenschancen ausgeschlossen werden, indem gerade die Schwächeren nicht die Förderung erhalten, die notwendig ist, um schlechtere familiäre Startbedingungen auszugleichen. Und –

um mit dem Hinweis auf die Notwendigkeit institutioneller Reformpolitik ein völlig anderes Feld anzusprechen – müsste sich eine zukunftsorientierte Reformpolitik nicht darum kümmern, neue Formen des Regierens in der Globalisierung zu entwickeln, mit denen die nötige internationale Kooperation effizienter als heute gestaltet werden kann, gleichzeitig aber die auf übernationaler Ebene bislang unzureichende demokratische und parlamentarische Mitwirkung ermöglicht wird?

Eine mutige Politik, die sich Reformmöglichkeiten nicht verschließt, wird dem Staat eine neue Aufgabe und Legitimation zuweisen: Die wichtigste Aufgabe des Staats und staatlicher Politik nämlich besteht darin, die Globalisierung zu einem Prozess gesellschaftlicher Inklusion zu machen. Die Globalisierung produziert, wie ich schon ausgeführt habe, ungeheure Möglichkeiten für sehr viele Menschen. Doch neben den Gewinnern und den Erfolgreichen gibt es infolge der Globalisierung eben auch neue Gruppen von Verlierern und Ausgeschlossenen. Dem Bemühen, Globalisierung politisch zu gestalten, wohnt darum nach meinem Verständnis untrennbar ein besonderer moralischer Anspruch an die Gerechtigkeit von Politik inne. Dieser besteht darin, dass wir uns viel stärker als bisher um Inklusion kümmern, also darum, dass Globalisierung auch den Schwächeren Integration, Teilhabe und Chancen bietet. Diesen Prozess erfolgreich zu organisieren ist darüber hinaus eine Grundbedingung für die politische Stabilität in unserem Land. Wenn wir es zulassen, dass Menschen von der wirtschaftlichen, gesellschaftlichen und politischen Teilhabe ausgeschlossen bleiben und das Gefühl bekommen, einfach ausgeliefert und vom Staat im Stich gelassen zu sein, entsteht der Nährboden für destruktive Populisten und die neuen politischen Machtegoisten. Nichts ist falscher als die Behauptung, dass der Staat ausgedient habe. Durch die Globalisierung ist der Staat vielmehr auf ganz neue Weise gefordert, sich sowohl für den Schutz und die Förderung des Einzelnen als auch für den eigenen Selbsterhalt einzusetzen.

Heute sind viele Bürger skeptisch gegenüber dem Versprechen, Chancen und Wohlstand für alle zu schaffen. Die Bürger vertrauen den Führenden in Politik und Wirtschaft kaum noch. Nur eine Minderheit glaubt, dass alle etwas davon haben, wenn es der Wirtschaft gut geht. Zwei Drittel der Bürger glauben, dass es den Unternehmen sehr gut gehen kann, ohne dass sie selbst an diesem Erfolg teilhaben. Die Wirtschaftsordnung der Globalisierung ist künftig stärker denn je auf eine soziale und kulturelle Ordnung angewiesen. Das Ziel dieser Ordnung ist, wie es der Ökonom und Nobelpreisträger Amartya Sen beschrieben hat, eine »Ökonomie für den Menschen«. Wie können möglichst viele Menschen in Deutschland an den globalen Wachstumschancen, an Kapital und Wissen teilhaben? Wer die Menschen nicht auf eine globalisierte Welt vorbereitet und sie nicht befähigt, den Wandel zu bestehen, handelt wirtschaftlich unklug und unsozial. Es gilt, neue Wege der gesellschaftlichen Teilhabe zu entwickeln. Für die CDU ist die Gewinn- und Kapitalbeteiligung der Arbeitnehmer ein wichtiger Weg. Eine solche Beteiligung nimmt vielen die Sorge vor dem Ausverkauf oder der Abwanderung deutscher Firmen. Dafür braucht es auch eine neue Partnerschaft der Tarifparteien. Neue Formen der Teilhabe sind auch im Bereich der Bildung und Weiterbildung gefragt. »Bildungssparen« und »Weiterbildungsfonds« sind moderne Instrumente, welche die Beschäftigungsfähigkeit des

Einzelnen sichern. In der sozialen Marktwirtschaft von morgen wird diese Beschäftigungsfähigkeit zum wichtigsten Gut.

Politik muss in Zukunft neue Sicherheiten ermöglichen. Ich plädiere dafür, den Sicherheitsbegriff politisch neu zu fassen. Viel zu lange wurde den Menschen vorgemacht, der Staat könne den Bürgern eine Art politisches »Rundum-Sorglos-Paket« für die Zukunft garantieren. Genau an diesem Anspruch ist die Politik gescheitert. Die horrende Staatsverschuldung, welche die Spielräume der Politik dramatisch verengt hat, ist dafür ein Beleg. Eine Politik der neuen Sicherheiten bedeutet deshalb gerade nicht, den Menschen Veränderungen zu ersparen. Neue Sicherheiten verlangen den Menschen Eigeninitiative, Eigenvorsorge und Selbstverantwortung ab. Eine derartige Politik bietet dafür aber eine Lebensperspektive an, die frei von Willkür und Existenzangst ist. Die Bürger werden einen solchen Weg mitgehen, aber sie erwarten von der Politik zu Recht die Gewissheit, dass am Ende der Reformen das Leben wieder sicherer und planbarer ist, nicht unsicherer und schwieriger. Wenn die Politik dies nicht zu vermitteln vermag, sondern sich im instrumentellen Klein-Klein erschöpft, werden sich die Menschen verweigern.

Ich neige nicht zu Alarmismus; es ist mir fremd, hinter jeder politischen Entwicklung, die mir nicht passt, gleich den Untergang des Abendlandes zu wittern. Aber die beschriebene Diskrepanz zwischen Wirklichkeitsveränderung und Erwartungshaltung der Bürger einerseits und der politischen Reaktion auf die Globalisierung andererseits ist eine ernste Sache. Sie hat, wenn es dabei bleibt, das Potenzial einer handfesten politischen Krise. Diese ist in ihren Ansätzen bereits sichtbar. Ich halte es nicht für eine Übertreibung, von einer Akzeptanzkrise der Institutionen und Systeme unserer politischen und wirtschaftlichen Ordnung zu sprechen. Der Ansehensverlust von Politikern, Parlamenten und Regierungen, ebenso von Gewerkschaften und Verbänden ist zwar bekannt, was ihn aber nicht weniger dramatisch macht. Besonders betroffen sind die Parteien, die zugleich in unserem parlamentarischen System eine elementare und nach meiner Meinung nicht ersetzbare Scharnierfunktion haben. Allein die SPD hat in den vergangenen Jahren Hunderttausende Mitglieder verloren.

Alarmierend ist, dass der bekannte Akzeptanzverlust der Institutionen übergeht in eine Schwächung der Akzeptanz der Systeme. So wächst der Anteil jener, die der parlamentarischen Demokratie misstrauen. Eine Untersuchung der Friedrich-Ebert-Stiftung kam im Sommer 2008 zu dem Ergebnis, dass jeder Dritte nicht mehr daran glaubt, dass die Demokratie die Probleme lösen kann, die Deutschland vor sich hat.

Die abnehmende Akzeptanz der parlamentarischen Demokratie als politisches System kann auch im Hinblick auf die soziale Marktwirtschaft als unser Wirtschaftssystem demoskopisch beobachtet werden. Hier ergibt sich sogar das Novum, dass trotz der jüngsten wirtschaftlichen Aufschwungphase das Ansehen der Marktwirtschaft weiter sinkt. Wir haben in den vergangenen Jahren eine außerordentlich erfolgreiche wirtschaftliche Entwicklung erfahren dürfen: Nach Jahren der Stagnation und Rezession hat es wieder ordentliches Wachstum gegeben mit der Folge eines enormen und unerwarteten Rückgangs der Arbeitslosigkeit um rund zwei Millionen Menschen, wie ihn selbst Optimisten nicht erwartet hatten. Trotz dieser enormen Erfolge wächst in der Bevölkerung die Skepsis gegenüber unserem Wirtschaftssystem, der sozialen Marktwirtschaft, in dem diese Erfolge erreicht worden sind. Woran liegt dies? Eine wesentliche Ursache besteht darin, dass die soziale Mobilität in den letzten Jahren merklich nachgelassen hat. Zwei Zahlen drücken diesen Befund besonders drastisch aus: 81 von 100 Kindern aus gut situiertem Elternhaus beginnen ein Studium, aber nur elf von 100 Arbeiterkindern. Das Statistische Bundesamt hat 2004 dazu festgestellt: »Die Betrachtung der tatsächlichen Chancengleichheit zeigt für Westdeutschland einen sehr geringen Wandel hin zu mehr Gleichheit. Im Osten dagegen hat sich der Einfluss der sozialen Herkunft im letzten Jahrzehnt enorm vergrößert.« Wer die Verhältnisse insgesamt für ungerecht hält oder sich als benachteiligt ansieht, wer in der DDR sozialisiert wurde und sie in mildem Licht sieht, der ist unzufriedener mit der praktizierten Demokratie.

Wir haben es also mit einer die Institutionen und die Systeme des Staats, die parlamentarische Demokratie wie die Wirtschaft erfassenden Akzeptanz- und Vertrauenskrise zu tun. Diese Krise wäre schlechterdings unerklärbar, wenn sie nicht mit einer inhaltlichen Orientierungskrise einherginge und dort auch ihre entscheidende Ursache hätte. Wie ich versucht habe zu beschreiben, werden Menschen durch die Globalisierung in ihren Lebensgewissheiten erschüttert. Sie gewinnen aber nicht gleichzeitig neue Sicherheiten hinzu, sie wissen nicht mehr, was noch gilt, sie mögen sich nicht für klare politische Konzepte entscheiden, sich nicht einer Richtung anschließen. Die Bürgerinnen und Bürger wollen eine gerechtere Gesellschaft mit einem ausgeprägten Gemeinschaftssinn. Sie sehen sich jedoch nicht in der Lage, den von ihnen als negativ empfundenen

Veränderungen wirksam entgegenzutreten, da sie sich machtlos den gesellschaftlichen Veränderungen ausgesetzt fühlen.

Dies hat bereits die politische Landschaft unseres Landes verändert. Sichtbarster Ausdruck dieser Veränderung ist die Fragmentierung unserer Parteienlandschaft. Für die nächste Zeit werden wir uns auf einen Fünf-Fraktionen-Bundestag einrichten müssen. Mit der aus der SED und dann der PDS hervorgegangenen Linkspartei hat sich erstmals seit rund 60 Jahren eine rein populistische, nicht auf Verantwortungswahrnehmung gerichtete, in ihren Methoden auf umfassende Diskreditierung der anderen Parteien und des politischen und wirtschaftlichen Systems abstellende Partei etabliert. Als neue Avantgarde wird sich diese »Linke« nicht formieren können. Sie verteidigt den Status quo wie beispielsweise in Hessen im Kampf gegen Studiengebühren. Ein wirklich Linker würde immer sagen: Wer studiert, wird wahrscheinlich im Laufe seines restlichen Lebens 50 Prozent mehr verdienen als jemand, der nicht studiert. Darum gibt es keinen Grund, warum normale Steuerzahler für diese Reichen von morgen aufkommen sollen. Dennoch sind in Hessen SPD, Grüne und Linke gegen Studiengebühren. Hier wird eine massive Status-quo-Verteidigung praktiziert.

Die traditionelle Partei der politischen Linken in Deutschland, die SPD, schrumpft parallel dazu zur 25-Prozent-Partei. Doch einschneidender als die quantitativen Verluste der SPD erscheint mir die Qualität dieses Prozesses zu sein. Die aus dem Beginn des Industriezeitalters stammende SPD leidet an einer Sinn- und Identitätskrise, nämlich an der Unfähigkeit, die Frage zu beantworten, was Sozialdemokratie im Zeitalter der Globalisierung bedeutet. Ich glaube nicht, dass der SPD eine inhaltlich konsistente, die Parteiflügel integrierende Antwort gelingt. Ihre Sinn- und Identitätskrise ist deshalb schon heute eine Existenzkrise als Volkspartei.

Dass mit der gegenwärtigen Großen Koalition zum ersten Mal in der Regierungsgeschichte seit 1949 Parteien die Bundesregierung bilden, die nicht miteinander regieren wollten, passt ebenfalls ins Bild. Wenn man sich nicht für eine bestimmte politische Richtung entscheiden kann, liegt die Versuchung nahe, beide konkurrierenden Richtungen in die Regierung zu wählen. Im Wahlakt verwandelt sich die Unentschlossenheit der Wähler in den Zwang zum Kompromiss zwischen den Kontrahenten.

Die Akzeptanz- und Orientierungskrise weist auch eine psychologische Dimension auf, und diese lautet: Angst. Es gibt in Deutschland praktisch kein Thema, das nicht von Angst begleitet wird. Gesprochen wird von der Angst der schwächeren Teile der Bevölkerung, dauerhaft abgehängt und ausgeschlossen zu sein. Wir nehmen die Angst der Mittelschicht wahr, sich nicht an ihrem Platz halten zu können, also ihre Angst vor dem Abstieg. In Deutschland gibt es angesichts hoher Energiepreise Angst vor dem Winter genauso wie Angst vor der Kernenergie. Dass viele Menschen Angst vor gentechnisch veränderten Lebensmitteln haben, versteht sich von selbst. All diese Ängste sind ernst zu nehmen. Aber nur die Populisten können mit ihnen Politik machen, indem sie sie instrumentalisieren und aus ihnen parteipolitisch Kapital zu schlagen versuchen.

Angst ist dabei soziologisch ein Phänomen, das sich in den vergangenen Jahren vom Rand in die Mitte der Gesellschaft bewegt hat. Es ist angekommen bei denjenigen Bevölkerungsgruppen, die traditionell die Träger des Systems der parlamentarischen Demokratie wie auch der wirtschaftlichen Ordnung sind. Eine Gesellschaft aber, in der diese gesellschaftlichen Trägerschichten verunsichert oder sogar durch Angst gelähmt sind, ist eine Gesellschaft, die nahezu zwangsläufig auch in politischer Instabilität mündet.

Nichtökonomisch ausgerichtete Institutionen und Werte tragen zum Erfolg der Marktwirtschaft entscheidend bei. Eine Angst geht um in Europa: dass Menschen und Länder den Folgen des globalisierten Kapitalismus ungeschützt ausgeliefert sind. Globale Unternehmen, die um ihre Legitimität bemüht sind, sollten sich aktiv in die Debatte um die institutionellen Rahmenbedingungen der globalen Wirtschafts- und Finanzmärkte einschalten – und nicht leugnen, dass es Probleme gibt, die auch erfolgreiche Marktwirtschaften aus sich heraus nicht lösen können. Märkte – und erst recht Gesellschaften – setzen vielmehr andere Institutionen voraus, um gut funktionieren zu können.

Selbstverständlich registrieren Politik und Parteien diese Entwicklungen und versuchen, darauf zu reagieren. Dabei haben sich zwei unterschiedliche Reaktionsmuster herausgebildet.

Die einen nehmen die Angst und die Unsicherheit der Menschen auf, um sie für die eigenen Zwecke zu instrumentalisieren. Nachdem sie die Globalisierung dämonisiert und verteufelt haben, bauen diese politischen Kräfte die Illusion auf, dass man auf unterschiedlichsten Gebieten neue antikapitalistische Schutzwälle errichten könnte, um den negativen Folgen der Globalisierung zu entgehen. Die Versprechungen, die gemacht werden, haben mit der Lebenswirklichkeit natürlich nichts zu tun. Aber um die Gestaltung von Lebenswirklichkeit geht es diesen Kräften auch gar nicht.

Die Gegenposition zu dieser »illusionären Abwehr« besteht darin, die Globalisierung gleichsam wie ein Naturereignis zu interpretieren. Im Grunde gehe es den Menschen mit der Globalisierung wie mit dem Wetter, das Sonne und Regen biete, und ob man sich wohlfühle, sei eine Frage der Kleidung, also der Anpassung. Letztlich besteht diese Haltung in einer willenlosen Hinnahme von Globalisierung. Ihr wesentlicher Ausdruck ist die sogenannte Standortpolitik, also eine Politik, die sich darin erschöpft, das zu geben, was von außen im Wettbewerb der Standorte verlangt wird. Wer sich anpasst, ist erfolgreich: So das Mantra dieser Politik. Doch ist dies wirklich Politik? Nach meinem Verständnis nicht. Die Essenz von Politik ist der Wille. Politik ist das beharrliche Bohren dicker Bretter mit Augenmaß und Leidenschaft, wie wir von Max Weber gelernt haben. Natürlich sind wir dabei nicht allein auf der Welt. Aber wie diese Welt aussieht und unsere Gesellschaft in ihr, das liegt auch an uns. Alles andere ist nicht Politik, sondern politische Kapitulation.

Am Ende führt diese Analyse zurück zum aufgeklärten und aktiven Bürger. Tätige Freiheit ist keine Selbstverständlichkeit. Eine Demokratie ohne Demokraten zerstört sich selbst (Ralf Dahrendorf). Neues zu suchen und zu versuchen, Falsches aufzudecken und zu beseitigen, das sind zuallererst auch Bürgerpflichten. Das ist kein Plädoyer für die Politisierung des ganzen Lebens. Es ist jedoch ein Plädoyer für Tätigkeit. Die andere Seite des neuen Autoritarismus ist die Gesellschaft der »couch potatoes«, der Fernsehzuschauer, die ihre Tage Kartoffelchips kauend auf dem Sofa verbringen und auf dem Bildschirm eine Welt passieren lassen, an der sie keinen Anteil mehr haben und bald auch keinen mehr haben können.

Das wichtigste Anliegen dieses Buches ist es zu zeigen, dass politische Gestaltung auch in Zeiten der Globalisierung möglich ist. Politik wiederzuentdecken ist die aktuelle und reale Alternative zur politischen Selbstaufgabe, die in Illusion, Angstmissbrauch und Willenlosigkeit gleichermaßen liegt. Das Vertrauen der Bürger werden wir nur dann zurückgewinnen, wenn es uns gelingt, die zentralen Probleme und Herausforderungen zu beantworten. Die soziale Marktwirtschaft ist leistungsfähiger geworden. Sie ist das Gegenteil einer rücksichtslosen Ellbogengesellschaft und eines ungezügelten »Raubtierkapitalismus«. Der soziale Zusammenhalt wird nicht mehr allein durch staatliches Handeln erreicht. Neben die alten Institutionen, die Teilhabe und Wohlstand gewährleisteten, treten neue Instrumente. Freiheit, Wohlstand und Solidarität sind nicht gegeneinander austauschbar, sondern bedingen sich wechselseitig und sind vereinbar. Freiheit bleibt für die CDU die Voraussetzung von Wohlstand und Solidarität. Ohne Freiheit wird es keinen nachhaltigen Wohlstand und keine Gerechtigkeit geben. Solidarität ohne Freiheit ist Zwang. Das Band, das diese drei Werte zusammenhält, ist das Vertrauen in eine gemeinsame Zukunft. Erst dadurch können Zuversicht und Selbstvertrauen wiedergewonnen werden.

In den Prinzipien der sozialen Marktwirtschaft spiegeln sich auch die Grundwerte, die für die Politik der CDU konstitutiv sind: Freiheit, Solidarität, Gerechtigkeit. Diese Werte sind gleichrangig. Sie bedingen und ergänzen einander. Sie sind die zentralen Bestandteile eines Menschenbildes, das den Materialismus ablehnt.

Ich erinnere in diesem Zusammenhang an die große Rede Konrad Adenauers in der Kölner Universität im März 1946, in der es hieß: »Der Fundamentalsatz des Programms der CDU, der Satz, von dem alle Forderungen unseres Programms ausgehen, ist ein Kerngedanke der christlichen Ethik: Die menschliche Person hat eine einzigartige Würde, und der Wert jedes einzelnen Menschen ist unersetzlich. Aus diesem Satz ergibt sich eine Staats-, Wirtschafts- und Kulturauffassung, die neu ist gegenüber der in Deutschland seit Langem üblichen. Nach dieser Auffassung ist weder der Staat noch die Wirtschaft noch die Kultur Selbstzweck; sie haben eine dienende Funktion gegenüber der Person. Die materialistische Weltanschauung macht den Menschen unpersönlich, zu einem kleinen Maschinenteil in einer ungeheuren Maschine, sie lehnen wir mit der größten Entschiedenheit ab.« Eine einseitige Kritik an der gern als »neoliberal« gebrandmarkten liberalen Grundhaltung führt uns deshalb genauso wenig weiter wie eine einseitige Kritik am »Sozialen«, das in Gestalt der katholischen Soziallehre und der evangelischen Sozialethik ein fundamentaler Pfeiler der Identität der CDU ist. Diese grundlegende Haltung hat die CDU immer sowohl von der reinen liberalen Marktgläubigkeit als auch von linker Staatsgläubigkeit unterschieden. Das war und ist ihr Erfolgsrezept. Freiheit, Solidarität und Gerechtigkeit bilden deshalb auch den Kern einer Politik, die für die Menschen, die etwas leisten wollen, von großer Anziehungskraft ist, weil sie auf Selbstbestimmung und Selbstverantwortung setzt und nicht auf Fremdbestimmung und staatliche Gängelung. Der Sozialstaat der Zukunft kann nur dann mehr Sicherheit für alle garantieren, wenn er auf mehr Selbstbestimmung und Selbstverantwortung der Bürger setzt. Eine Politik der neuen Sicherheit im Zeitalter der Globalisierung ist eine Politik für mehr Selbstbestimmung und Selbstverantwortung. Sie ist auch eine Politik, die denen hilft, die sich nicht selbst helfen können. Die solidarische Grundsicherung elementarer Lebensrisiken gehört deshalb ebenso zu einer Politik der neuen Sicherheit. Und eine Politik der neuen Sicherheiten muss Chancen eröffnen. Das sind heute vor allem Bildungschancen.

Darum halte ich nichts für so falsch wie die These, wir lebten in einer Zeit, aus der sich die Politik verabschiedet habe. Ich bin fest überzeugt von der Renaissance, die das Politische in der Globalisierung erleben wird.

Wir brauchen nicht weniger, sondern mehr Politik in der Globalisierung

I
Die Wiederentdeckung von Politik

In der in Deutschland gesellschaftlich vorherrschenden Wahrnehmung hat die Globalisierung inzwischen wohl einen überwiegend negativen Charakter. Ich wies schon darauf hin, dass sie für viele Menschen vor allem bewirkt, den Einzelnen ersetzbar und überflüssig zu machen und gleichzeitig den Staat zu entmachten. Die Globalisierung erscheint in dieser Perzeption in erster Linie als eine dunkle Macht, die alles ökonomisiert: das Private und das Individuelle, das Soziale und das Zwischenmenschliche, das Gemeinwesen und die Nation. Alles, so scheint es, wird nur noch vom Markt bestimmt, auch der Einzelne letztendlich, der als »Humankapital« auf seine ökonomischen Möglichkeiten reduziert und dadurch seiner Würde beraubt wird. In dieser Weltsicht sind dann natürlich auch neue Mächte am Werk, mal unheimlich und anonym, mal mit dem internationalen Großkapital oder den Finanzzentren auch nur vage beschrieben, welche die Macht- und Geltungsansprüche des traditionellen Staats zur Farce machen. Wenn man sich diese Sichtweise zu eigen macht, kommt man konsequenterweise zum Ende aller Möglichkeiten demokratischer Politik.

Schon deshalb finde ich es erstaunlich, wie viele Ohnmachtspolitiker unterschiedlicher Couleur genau diese oder ähnliche Charakterisierungen der neuen Herausforderungen und damit im Ergebnis Angst verbreiten. Zumindest scheint den meisten nicht bewusst zu sein, dass sie mit solchen Reden die Grundlagen ihres eigenen Handelns zerstören.

Vor allem aber ist die Behauptung, durch Globalisierung erledige sich die Politik oder verwandele sich in die Organisation von Ohnmacht, falsch. Nur weil die Politik, wie sie seit dem Entstehen der Bundesrepublik Deutschland funktioniert hat, unter den Bedingungen der Globalisierung nicht einfach mehr nur fortgesetzt und verlängert werden kann, wird Politik als solche und überhaupt noch lange nicht unmöglich. Nur weil die Globalisierung vieles verändert – und darunter auch das »Spielfeld« und manche »Spielregel« der Politik –, gibt es noch lange keinen Grund für politischen Fatalismus oder die Kapitulation des Politischen. Im Gegenteil! Globalisierung steht für eine ungeheuer vielfältige Ausweitung und Intensivierung: der menschlichen Begegnungen, des wirtschaftlichen Austauschs, der Kommunikation jedweder Art sowie der staatlichen Kooperation rund um den Globus. In der Globalisierung verbirgt sich deshalb nicht das Ende, sondern eine Renaissance der Politik.

Um es noch einmal zu sagen: Es ist ein gewolltes oder ungewolltes Missverständnis, wenn man den Zwang zu grundlegender Veränderung der Inhalte und der Instrumente von Politik verwechselt mit dem Ende ihrer Möglichkeit überhaupt. Gerade die Notwendigkeit des Wechsels und des Veränderns ist der signifikante Ausdruck des Politischen in der Globalisierung.

Die Rückkehr der Politik lässt sich an einer Vielzahl von Fällen ablesen. Ich will an dieser Stelle einige beispielhaft nennen. Nehmen wir die Entwicklung der internationalen Arbeitsteilung. Die traditionelle oder konventionelle Politik des Nationalstaats wird danach fragen, ob dieses neue Phänomen dazu führt, dass ganze

Unternehmen oder einzelne Arbeitsplätze ins billigere Ausland verlegt werden. Und dann wird sie vielleicht die Frage stellen, ob die Politik oder der Staat eine solche Verlegung verhindern kann.

Unter den Bedingungen der Globalisierung aber stellen sich diese Fragen eigentlich nicht mehr – selbst wenn sie in fast jedem akuten, individuellen Fall von Arbeitsplatzverlegungen gern vorwurfsvoll in den Raum gestellt werden, als könne die Antwort noch überraschen. Dabei ist allen klar, dass Unternehmen die Vorteile internationaler Arbeitsteilung ebenso nutzen, wie sie auf ihren Märkten auch mit eigenen Produktionsstätten vertreten sein müssen, weil sie sonst im Wettbewerb scheitern würden. Und es ist nicht nur so, dass die Politik daran nichts ändern kann, eine vernünftige Politik will auch gar keine Abschottung betreiben.

Doch das heißt eben nicht, dass wir gezwungen wären, Unternehmens- und Arbeitsplatzverlagerungen einfach passiv hinzunehmen. Natürlich kann und muss die Politik handeln. Nicht mit wirkungslosen Verboten der Verlegung von Arbeitsplätzen, nicht mit falschen Versprechungen, Arbeitsplätze in staatlicher Regie entstehen zu lassen. Verantwortliche Politik unter den Bedingungen der Globalisierung hat durch konsequente Weiterbildung und -qualifizierung die Abhängigkeit des Einzelnen von dem einen innegehabten Arbeitsplatz zu reduzieren. Moderne Familien- und Bildungspolitik kann helfen, dass die Betroffenen den Anforderungen an Mobilität in einer dynamischen Arbeitswelt auch im Hinblick auf ihre private Lebensführung gerecht werden können. Verantwortliche Politik fördert die Innovationskraft, sodass es unser Land ist, auf das der anspruchsvollste, produktivste, gewinnstärkste Anteil bei der Herstellung von

Wirtschaftsgütern entfällt. Verantwortliche Politik wird dafür sorgen, dass durch moderne Familienpolitik die erreichte Qualifikation von jungen Eltern, die berufstätig sein wollen, nicht vergeudet wird. Und neben Bildung, Innovation und Infrastruktur gibt es noch etwas, was Politik beeinflussen kann und worauf Ralf Dahrendorf in seiner Schrift aus dem Jahr 1997 *Was kann die Politik für Deutschland tun?* hingewiesen hat: »Ein Wirtschaftsstandort ist nicht nur ein Ort der niedrigen Löhne und Steuern; in der Tat können entwickelte Länder am Ende möglicherweise nur durch Qualitäten konkurrenzfähig bleiben, die im weiten Sinne sozial sind.«

Ich will noch ein zweites Beispiel anführen, das die Veränderung ebenso wie die Möglichkeit von Politik verdeutlicht. In den vergangenen Jahren haben wir einen beispiellosen Anstieg der Energiekosten erleben müssen, und selbst wenn sich zwischenzeitlich wieder Phasen sinkender Preise vermelden lassen, ist doch davon auszugehen, dass Energie auf alle Fälle teuer bleiben und tendenziell teurer werden wird. Wenn insbesondere die Volkswirtschaften der Schwellenländer hohe Wachstumsraten erzielen, dann steigt auch ihr Bedarf an Primärenergie. Bei gleichzeitig knappen Ressourcen steigen die Preise.

In Deutschland führt dies über höhere Kosten für Verbraucher und Produzenten zu einer ganzen Reihe von Problemen: Die soziale Kluft kann sich vertiefen, weil Energiekosten für Menschen mit niedrigen Einkommen eine größere Herausforderung darstellen, Unternehmen können in Schwierigkeiten kommen, wenn sie energieintensiv produzieren, der Arbeitsmarkt kann unter Druck geraten, weil Mobilität teurer wird, und so fort.

Alte Politik wird zunächst danach fragen, ob man

Energiepreissteigerungen verhindern kann. Da wird zum Beispiel nach einer Verstaatlichung der Energieerzeugung gerufen, als würde dies irgendetwas an der Preisentwicklung ändern können.

Eine weniger naive Politik wird einen Ansatz verfolgen, der die Folgen abzumildern versucht: durch Subventionen oder Steuersenkungen, etwa bei der Mineralölsteuer, durch Umverteilung zugunsten einkommensschwacher Schichten. Einen wesentlichen, nachhaltigen Effekt wird diese Art von Staatsintervention allerdings auch nicht haben, da die zu erwartenden Kostensteigerungen jede Art von staatlicher Intervention augenblicklich wieder aufheben können – die Kräfte der Preisbildung kalkulieren Subventionen mit ein.

Heißt das also, dass die Politik unter den Bedingungen der Globalisierung nur tatenlos zusehen kann, wie Verbraucher und Produzenten unter Druck geraten? Natürlich nicht. Politik kann helfen, durch technische Innovation zu einem geringeren Energieverbrauch zu kommen, und zwar in allen Bereichen des privaten, öffentlichen und wirtschaftlichen Lebens. Die Möglichkeiten in dieser Hinsicht sind immens; die Chancen, sich damit auf dem Weltmarkt Wettbewerbsvorteile zu erarbeiten, sind groß; die Wahrscheinlichkeit, dass ganz neue Wertschöpfungsketten entstehen, ist gewaltig. Und wenn das alles angegangen ist, kann man vorübergehend auch mit einer gezielten Unterstützung derjenigen, die durch die steigenden Energiepreise besonders hart getroffen sind, etwas erreichen. Daneben hat die Politik viele Möglichkeiten, Energiekartelle durch konsequente Wettbewerbspolitik zu beseitigen, um so die Verbraucher in den Genuss von Wettbewerbs- anstelle von Monopolpreisen gelangen zu lassen. Politik hat es in der Hand, ob es einen

Energiemix oder den Ausstieg aus Kernenergie und Kohlekraftwerken gibt und ob mit dem Verzicht auf Energieträger die Verknappung größer und die Preise höher werden.

Die Erkenntnis und die Vermittlung, dass Globalisierung eine reale Entwicklung ist, die man gestalten kann und nicht nur hinnehmen muss, sind die entscheidenden Ausgangspunkte. Aber wahrscheinlich liegt hierin nicht einmal die größte Herausforderung, vor der wir stehen. Ich glaube, dass in unserer Gesellschaft die Erkenntnis politischer Gestaltungsmöglichkeiten vorhanden ist oder sie zumindest gefördert und vermittelt werden kann. Die entscheidende Hürde, die unsere Gesellschaft nehmen muss, liegt in meinen Augen in der Entscheidung zum Gestaltenwollen. Hier liegt der psychologische Schlüssel für eine erfolgreiche Gestaltung der Globalisierung.

Gesellschaften und Politik, die in ängstlicher Starre verharren, die glauben, sich an Besitzstände klammern zu können, und die intellektuell kapitulieren, sind aus ihrer psychologischen Verfassung heraus dazu prädestiniert, in der Globalisierung langfristig zu verlieren. Es gibt schließlich nicht mehr die Grenzen, durch die man die eigene Inaktivität und Selbstgenügsamkeit schützen kann. Der Wille zu gestalten, erfolgreich zu sein, etwas Gutes auszurichten, ist zu einer Grundbedingung des Bestehens in der Globalisierung geworden. Dieser Wille muss von den Bürgern aufgebracht und erbracht werden, er lässt sich nicht zur Erfüllung an den Staat delegieren.

Für eine erfolgreiche Politik im Zeitalter der Globalisierung ist dieser kollektive Willensakt zur Gestaltung grundlegend. Ohne die Willensentscheidung, sich der politischen Gestaltung zu stellen, muss eine Gesellschaft in der Globalisierung scheitern.

Über diesen Willen selbst zu verfügen, ihn gegenüber der Bevölkerung zu begründen und zu vermitteln – das ist die maßgebliche Führungsaufgabe der Politik in der Globalisierung. Dies beschreibt zugleich die wichtigste Renaissance, die das Politische durch die Globalisierung erfährt, nämlich die Abhängigkeit der Entwicklung von politischen Entscheidungen. Ob unsere Gesellschaft in einem weiten Sinne erfolgreich sein wird, hängt davon ab, ob wir heute die Weichen richtig stellen. Der Zug fährt nicht von allein in die richtige Richtung. Eine leistungsorientierte und solidarische Gesellschaft ist absolut möglich, aber entscheidend davon abhängig, welche Bildungs-, Integrations-, Innovations-, Europapolitik wir machen.

Die Menschen spüren, ob die Politik sich dieser Aufgabe stellt. Politik, die das nicht tut, delegitimiert sich selbst. Sie führt zu einer Ablösung des politischen Gestaltungswillens durch ein reines Innehaben von Macht. Politik, die sich in solch einem Innehaben von Ämtern erschöpft und nicht das Amt als Instrument zur Verwirklichung politischer Ziele begreift, kann das Vertrauen der Bevölkerung nicht erhalten.

Darum liegt in der glaubwürdigen Entschlossenheit und Ermunterung, den politischen Auftrag unserer Zeit aufzunehmen und sich der Gestaltung von Globalisierung anzunehmen, ein Schlüssel für die Wiedergewinnung des Vertrauens in die Politik.

II
Vertrauen wiedergewinnen!

Globalisierung bedeutet also die Chance, Politik neu zu begründen, und das in einem doppelten Sinne: eine Politik zu entwickeln, die den neuen Verhältnissen angemessen ist, ohne auf die alten Werte zu verzichten, und: das Vertrauen in die Politik wiederherzustellen, das seit einiger Zeit ohne Zweifel abgeschmolzen ist. Das eine ist nicht möglich ohne das andere, beides hängt unmittelbar zusammen: Nur eine Politik, die sich dem Gestaltungsauftrag der Globalisierung stellt, wird nachhaltig Vertrauen schaffen. Und umgekehrt gilt: Parteien und Regierungen brauchen Vertrauen, sie benötigen sogar einen Vertrauensvorschuss, um die Aufgaben erfolgreich angehen zu können.

Wir haben es erlebt und in den Abgrund geblickt: Ohne Vertrauen (der Banken untereinander) drohen das Finanzsystem und damit der gesamte Wirtschaftskreislauf zusammenzubrechen. Die dramatische Rettungsaktion der Großen Koalition im Oktober 2008 hatte vor allem dies zum Ziel: wieder Vertrauen zu schaffen in die Banken und zwischen den Banken. Wirtschaft lebt vom Austausch und davon, dass Geld bekommt, wer Güter und Dienstleistungen anbietet, und Geld bezahlt, wer sie konsumiert. Wenn erst das Vertrauen und dann der Zahlungsverkehr zusammenbrechen, stagnieren oder schrumpfen die Wachstumsraten, brechen Wohlstand und soziale Sicherheit zusammen.

Vertrauen ist das wichtigste Kapital, nicht nur in der Wirtschafts- und Finanzwelt, sondern auch in der Politik. Ohne Vertrauen müsste auf Dauer der politische »Zahlungsverkehr« zum Erliegen kommen – mit unabsehbaren Folgen. Regierungen wären nicht mehr in der Lage, das zu tun, was ihre Aufgabe ist. Die Politik käme von der Angebotsseite her zum Erliegen. Und die Bürger und Wähler hätten kaum noch eine Chance, mit ihren Erwartungen gehört zu werden: Die Politik würde langsam von der Nachfrageseite her austrocknen. Zynismus, Ressentiments und eine Stimmung des Rette-sich-wer-kann würden sich breitmachen, wo einmal gerade in der Bundesrepublik Deutschland Zuversicht und Aufbruch waren. Überflüssig zu sagen, dass ein solcher Zustand langsam, aber sicher zur Korrosion der Demokratie führen müsste.

Damit kein Zweifel aufkommt: Noch ist die Bundesrepublik von einem solchen Zustand weit entfernt. Die Große Koalition hat gerade in der Finanzmarktkrise ihre Handlungsfähigkeit bewiesen. Klar ist aber auch, dass es seit einiger Zeit, um es milde zu sagen, Anzeichen dafür gibt, dass das Vertrauen in die Politik gestört ist, in die politischen Eliten, teilweise aber auch in die politischen Institutionen der Demokratie. Diese Entwicklung betrifft praktisch die gesamte westliche Welt, von anderen Regionen ganz zu schweigen. Alle, die auf die Politik in den Zeiten der Globalisierung setzen, müssen diesen Zeichen der Entfremdung zwischen Bürgern und Politik ehrlich und auch selbstkritisch nachgehen. Ein Politiker und eine Partei, die Vertrauen in die Politik neu begründen wollen, müssen auch selbst manche Routinen und Selbstverständlichkeiten, die sich über die Jahre verfestigt haben, infrage stellen. Eine ehrliche

Bilanz ist auch hier der erste Schritt in Richtung eines besseren Weges.

1. Erosion des Vertrauens: Symptome ...

Die Symptome einer Vertrauenskrise sind oft beschrieben worden; es genügt, sie in Erinnerung zu rufen. Die großen Volksparteien verlieren an Bindungskraft in die Gesellschaft hinein und haben wie vor allem die SPD mit starken Mitgliederverlusten zu kämpfen. Auch wenn man frühere Zeiten nicht zum Maßstab nimmt (in den Bundestagswahlen der 1970er-Jahre haben Union und SPD über 90 Prozent der Wähler auf sich vereint, und das bei einer Wahlbeteiligung von über 90 Prozent!): In manchen Bundesländern und in vielen Städten und Gemeinden ist die Wahlbeteiligung inzwischen unter 50 Prozent gesunken. Landesregierungen können sich auch nach ganz ordentlichen Wahlergebnissen von über 40 Prozent kaum noch auf ein Viertel der Wahlberechtigten stützen. Die »Partei« der Nichtwähler ist vielerorts zur stärksten Partei geworden, und viele Wähler bleiben nicht aus Desinteresse zu Hause, sondern weil sie sich im politischen Angebot nicht wiederfinden: Das Vertrauen in die Kompetenz und in die Fähigkeit der Politik, die Probleme zu lösen, ist zurückgegangen, und das betrifft Regierung wie Opposition gleichermaßen. Ganze Teile der Bürgerschaft haben sich aus der Gesellschaft praktisch zurückgezogen: Die einen am unteren Rand der Gesellschaft erwarten nichts mehr von der Politik, sie haben sich finanziell und mental in Hartz IV eingerichtet. Die anderen, die sich oben fühlen, meinen, die Politik und den Staat nicht mehr zu benötigen; sie orientieren sich an den Gesetzen des globalen Marktes.

Auf den ersten Blick hat sich dieser Zustand mit der Finanzmarktkrise geändert. Die einen haben erlebt, was sie schon immer gewusst haben: wie der Staat eine Art Schutzmauer bauen muss gegen die Verwerfungen des globalen Kapitalismus. Die anderen hatten nichts dagegen, dass der Staat in der Stunde der höchsten Not als Feuerwehr einspringt und das System vor dem Kollaps bewahrt. Wir müssen uns vor beiden denkbaren Haltungen und Interessengruppen hüten: den einen, die wieder in die alten Reflexe zurückfallen, wenn sie die Gefahr vorüber wähnen, und den anderen, die das Kind mit dem Bade, will sagen: den Markt mit dem Staat ausschütten wollen und eine Marktwirtschaftskritik intonieren, die weit über das Ziel hinausschießt und vergessen hat, was die Grundlagen unseres Wohlstands und unserer sozialen Sicherheit sind.

Alles in allem ist eine politisch-psychologische Melange entstanden, die nicht eben günstig ist für politische Gestaltung. Politische Ideen und Konzepte für morgen brauchen nämlich Menschen, die sie aufnehmen und durchsetzen. Demokratie im Allgemeinen und eine Reformpolitik im Besonderen brauchen eine einigermaßen interessierte und engagierte Bürgerschaft, wenn sie Erfolg haben sollen. Die SPD bei der Agenda 2010 und auch die CDU nach dem Leipziger Parteitag 2003 haben eine elementare Erfahrung nicht berücksichtigt: Es genügt nicht, das Richtige zu tun, schon gar nicht, wenn es unpopulär ist. Politik muss überhaupt erst die Bedingungen der Akzeptanz einer Reformpolitik herstellen.

Mehr Politik in der Globalisierung

2. ... und ihre möglichen Ursachen

Viele Menschen haben sich den Kopf darüber zerbrochen, was die Ursachen sein könnten für die Entfremdungserscheinungen zwischen Bürgern und Politik. Die einen schieben es auf die politischen Parteien und darauf, dass diese ihrer Orientierungsfunktion nicht mehr gerecht würden. Andere verweisen auf das politische Personal, das nicht mehr wie die Nachkriegsgeneration von den großen Stürmen jener Zeit geprägt sei und stattdessen allermeist auf der bekannten Ochsentour sein politisches Profil verloren habe. Wieder andere erinnern an den Verlust des nationalstaatlichen Gestaltungsraums oder an die Megatrends der Individualisierung in einer »Multioptionsgesellschaft« (Peter Gross), welche die Bedeutung der Politik im Lebenshorizont der meisten Menschen relativiert und zu einem Rückzug aus der Gesellschaft in die Freizeit- und Medienwelt geführt hätten. Nicht zuletzt werden Politikabstinenz und wachsende Legitimationsprobleme auch als Folge einer veränderten Struktur von Öffentlichkeit gedeutet, in der sich das Verhältnis von Politik und Medien zum Nachteil der Politik verändert habe und die Regeln medialer Inszenierung das Politikbild einer Gesellschaft bestimmten, das früher von Parteien und Verbänden, Gewerkschaften und Vereinen und von ihren jeweiligen Milieus geprägt gewesen sei. Und nicht zuletzt wird die Kräfteverschiebung zwischen Politik und Ökonomie als eine Folge einer weltweiten Entwicklung gedeutet und als »Ökonomisierung« beklagt.

So mischen sich in der Ursachenanalyse ganz unterschiedliche Beobachtungen. Sie laufen jedoch alle auf einen Punkt hinaus: Patentrezepte gegen »die« Politik- oder Politikerverdrossenheit gibt es nicht. In jedem Fall ist mehr gefordert als eine kosmetische Aufhübschung durch eine bessere Kommunikation und Öffentlichkeits- arbeit. Ich sehe den entscheidenden Grund im Wandel der Politik selbst. Die Politik ist anders geworden; sie ist ganz gewiss komplexer und vermutlich auch schwieriger geworden. Nach 1945, nach der inneren und äußeren Verwüstung des Landes, waren die Alternativen groß und einfach, und die Erfolgsbilanzen haben sich schon bald dem bloßen Auge gezeigt. Das soll nicht die Leis- tung der Gründerväter und Gründermütter der Republik schmälern, sondern nur darauf hinweisen: Es sind andere Aufgaben, an denen sich die jüngere und mittlere politische Generation bewähren muss – oder scheitern wird. Es ist ebenso unhistorisch wie unsinnig, danach zu fragen, wer denn heute die den politischen Charakteren der Nachkriegszeit vergleichbaren Politiker seien. Ich erlaube mir als Parlamentarier, der seit 1994 dem Deut- schen Bundestag angehört, die Vermutung, dass sich stets die Bandbreite von Charakteren und Fähigkeiten der Bevölkerung in den Parlamenten niederschlägt. Glücklich das Volk, dessen politische Eliten sich nicht im Krieg und nach einem Zusammenbruch, sondern in einer Zivilgesellschaft zu bewähren haben. Und im Übri- gen: Eine erfolgreiche Wirtschaft, einen ausgebauten Sozialstaat, die gesamte politische und soziale Architek- tur den gewandelten Verhältnissen anzupassen – und das alles bei laufenden Motoren – ist eine enorme politi- sche Herausforderung!

3. Mehr als Betrieb: Von der Würde und dem Auftrag der Politik

Nein, es sind nicht allein und primär die Medien, das Desinteresse der Bürger, das schlechte »Verkaufen« der politischen Botschaft, welche alle zusammen schuld sind an dem gestörten Verhältnis zwischen Bürgern und Politik. Die angemessene Antwort besteht für mich nicht darin, allerlei Sündenböcke zu finden, sondern sich wieder auf das Wesen und die Aufgabe, auf den Ernst und auch auf die Würde der Politik zu besinnen. Politik hat mit Werten und Inhalten zu tun. Es kommt auf die Richtung an, in die sich eine Partei oder auch ein ganzes Land bewegen soll. Es geht um die Werte und Ziele, von denen sich eine Partei oder eine Regierung inspirieren lässt. Politik – in einem ehrgeizigen Sinne – lebt, wie sehr sich die Verhältnisse auch ändern mögen, von einem politischen Gestaltungswillen, von der Hingabe an eine Sache, die größer und wichtiger ist als die eigene politische Karriere, ja sogar als die nächste Wahl. Das Streben nach Macht ist legitim, aber politische Führung erwächst erst dann, wenn deutlich wird, was eine Partei, eine Regierung mit der Macht machen möchte. Politik gewinnt Glaubwürdigkeit und Vertrauen, wenn es ihr erkennbar um etwas geht, das jenseits des politischen Betriebs und sogar jenseits des demokratischen Wettbewerbs liegt.

Die englische Sprache hat dafür zwei unterschiedliche Begriffe. *Policy* meint den inhaltlichen Anspruch der Politik, *politics* den politischen Alltag und die Regeln der Macht. Politik im anspruchsvollen Sinne kann es nicht geben ohne die Organisation der Macht und das Wissen, wie man sie erringt und möglichst nicht verliert. Das

Gegenteil freilich ist sehr wohl möglich: eine politische Geschäftigkeit ohne jeden Bezug zu einer Politik, die diesen Namen verdient. *Politics without policy* ist in modernen Stimmungs- und Mediendemokratien eine verbreitete Erscheinung. Sie ist der eigentliche Grund für den Verlust des Vertrauens in die Politik – und oft genug auch für das Ende politischer Karrieren. Kurt Beck ist auch deshalb gescheitert, weil er im politischen Betrieb Berlins keine Fortune hatte. Er ist aber vor allem gescheitert, weil er der SPD keine Richtung weisen konnte oder wollte, weil er nicht in der Lage war, das Zentrum der SPD ideenpolitisch zu füllen und zu profilieren.

4. Von den Alten lernen

In diesem Punkt, wenn es darum geht, an einem anspruchsvollen Begriff von Politik festzuhalten, kann man von den Alten durchaus lernen. Alle großen Entscheidungen der Ära Adenauer und Erhard waren zunächst einmal (wie später auch Willy Brandts Entspannungspolitik oder Helmut Kohls Festhalten am NATO-Doppelbeschluss und die Durchsetzung des Euro) Entscheidungen gegen den Strom. Eben deshalb bleiben Politik und Personen ja auch in Erinnerung: Sie haben etwas gewollt, an etwas geglaubt, auch etwas riskiert. So haben sie am Ende für sich, für ihre Parteien und für die Demokratie Vertrauen geschaffen. Das bedeutet nicht, dass sie blind und taub gewesen wären für Stimmungen und Gefälligkeiten. Die Politik der Wahlversprechen hat eine lange Tradition. Das Neue an der gegenwärtigen Lage ist, dass der Gefälligkeitsdemokratie langsam die finanziellen und einer anspruchsvollen Politik langsam die sozialmoralischen Ressourcen ausgehen, die in früheren Zeiten beides – politische Führung und Gefälligkeitsdemokratie – in einer gewissen Balance gehalten haben. So konnte Helmut Kohl manch notwendige Reformen der Rücksicht auf die jeweils nächste Landtagswahl opfern – und war doch gleichzeitig souverän und entschlossen, als es um die deutsche und die europäische Einigung ging. Politische Führung bedeutet nicht, bei allen möglichen Fragen durchzuregieren, sondern in den wenigen wichtigen Fragen Richtung und Orientierung zu geben und zu behalten. Nicht dass die Segel nach dem Wind gestellt werden (wonach denn sonst?), sondern dass die Richtung, in die gesegelt werden muss, nicht mehr zu erkennen ist, wäre das eigentliche Verhängnis der Politik.

5. Politische Führung: Navigation durch ein schwieriges Gelände

So gleicht politische Führung heute mehr denn früher einer Navigation durch ein schwieriges, unübersichtliches Gelände. Anders als in der Welt der Seeleute freilich sind in der Welt der Politik die Ziele, Werte und Orientierungsmarken nie eindeutig, sie bedürfen vielmehr der Interpretation, Konkretisierung und Verständigung. Politik ist in einem ganz handfesten Sinne »kommunikatives Handeln« (Jürgen Habermas), das Werte, Wirklichkeiten und operative Ideen miteinander verknüpft. Es gibt keinen Mangel an Wertedebatten in den politischen Parteien. Oft freilich schweben sie wie Luftkissen über der Wirklichkeit dahin. Es gibt keinen Mangel an Information und Kommunikation; was fehlt, ist eine Verständigung über die Wirklichkeit und ein neuer Konsens darüber, wie sich das Land entwickeln soll, wie wir morgen leben wollen.

Ein Vergleich der Agenda 2010 der SPD mit der Familienpolitik der CDU mag illustrieren, was ich meine. Die Agenda 2010 war politisch von Anfang an zum Scheitern verurteilt, weil Kanzler Schröder und sein Amtschef Steinmeier sie wie Sozialtechnokraten entworfen und präsentiert hatten, ohne jeden Versuch, die eigene Partei davon zu überzeugen, dass gerade die Gerechtigkeitstraditionen der SPD heute neue Wege erfordern. Der Familienministerin von der Leyen hingegen ist es gelungen, die CDU und den eher konservativen Teil der Gesellschaft davon zu überzeugen, dass die Familienwerte dann eine gute Zukunft haben, wenn sie auch auf neue Weise gelebt werden können. Werte allein gleiten über die Köpfe hinweg; Maßnahmen allein schaffen keine Loyalität. Politische Führung heute ist die Kunst, das, was den Menschen wichtig und wertvoll ist, auch in veränderten Zeiten möglich zu machen. In Großbritannien ist der Vorsitzende der Konservativen dabei, mit einer einfachen Leitidee seinen Anspruch zur politischen Führung des Landes zu begründen. Thatcher und Blair, so argumentiert David Cameron, hätten die marode Wirtschaft (»broken economy«) wieder aufgerichtet. Das sei wichtig und richtig gewesen. Jetzt aber komme es darauf an, den Zusammenhalt und den Zusammenhang einer »zerbrochenen Gesellschaft« wieder zu erneuern. Ich möchte ergänzen: Beides ist wichtig. Eine erfolgreiche Wirtschaft bedeutet noch nicht eine gerechte Gesellschaft. Aber ohne eine erfolgreiche Wirtschaft kann es auf Dauer keine sozial ausbalancierte Gesellschaft geben.

6. Kein Job wie jeder andere

Dieses Buch ist ein Plädoyer für die Renaissance der Politik. Diese erfordert es, den Gestaltungsauftrag und die Gestaltungsmöglichkeiten der Politik wieder deutlich zu machen. Politik ist kein Beruf wie jeder andere, und Politik ist auch keine Unterabteilung der Unterhaltungsbranche. In einer Demokratie haben die Wähler die Politiker mit dem Mandat betraut, den Nutzen des Volkes zu mehren und Schaden von ihm abzuwenden, also das allgemeine Wohl zu befördern. Politiker versagen nicht so sehr durch allzu menschliche Schwächen, sondern vor allem dann, wenn sie den Eindruck erwecken, dass es ihnen nicht mehr um die Sache, sondern nur noch um taktische Geländegewinne gegenüber dem politischen Gegner geht. Sie haben gerade als Akteure des Gemeinwohls immer auch eine Vorbildfunktion. Wenn sie von den Bürgern erwarten, nicht immer nur an die eigenen Interessen zu denken, dann müssen sie selbst mit gutem Beispiel vorangehen.

Daraus ergeben sich konkrete Konsequenzen. Eine besteht darin, die Programmarbeit und die Programmfunktion von Parteien wieder ernster zu nehmen. Es ist nicht damit getan, alle zehn, 20 Jahre ein Grundsatzprogramm zu verabschieden und danach nie mehr davon zu reden, nicht bei parlamentarischen Entscheidungen und schon gar nicht in Wahlkämpfen. Wem es nicht gelingt, wer erst gar nicht versucht, die politische Arbeit immer wieder rückzubinden an inhaltliche und normative Werteziele, der trägt zur Orientierungslosigkeit bei und fördert ungewollt jenen politischen Zynismus, der es immer schon gewusst hat: In der Politik

gehe es nur um den eigenen Vorteil und um Macht-
kämpfe.

Eine andere Konsequenz betrifft die Parteien und ihre
Parteitage ganz direkt. Sie müssen wieder stärker zu Orten
lebendiger politischer Debatten werden. Selbstinszenie-
rung und die »einheitliche und geschlossene« Akklama-
tion der Delegierten passen nicht mehr so recht in die
heutige Zeit und bringt allenfalls kurzfristige Erfolge.

Und schließlich und nicht zuletzt verlangt Politik als
Beruf eine gewisse Immunstärke gegenüber dem poli-
tisch-medialen Komplex. Politiker brauchen die Öffentlichkeit, und Medien brauchen Politiker, und so werden
diese allzu oft Teil und Mitspieler eines Infotainments,
dessen Regeln nicht die Politik, sondern die Medien
bestimmen – ein Zusammenhang, der zur Verflachung
der Politik beiträgt. Politik aber ist eine ernste Sache
und keine Unterhaltungsshow. Die Renaissance der Politik – sie liegt eben nicht zuletzt in den Händen von uns
Politikern.

7. Auch die CDU muss wieder politischer werden

Die Renaissance der Politik braucht beides: eine politische Botschaft, welche die Menschen überzeugt und
ihre Sorgen aufnimmt, und Politiker, die ihren Beruf
ernst nehmen und sich nicht billig machen. Politik
kann gestalten, kann die Dinge zum Besseren wenden.
Wir brauchen einen neuen politischen Aufbruch, damit
wir auch in wechselhaften Zeiten wirtschaftliche Sicherheit und soziale Gerechtigkeit verwirklichen können,
jene beiden Anliegen also, die den Menschen wichtiger
sind als alles andere. Und wir brauchen einen neuen poli-

tischen Aufbruch, damit wieder Vertrauen in die Politik insgesamt und in die politischen Parteien zurückkehrt. Das eine hängt eng mit dem anderen zusammen: Ohne starke Volksparteien dürfte es kaum gelingen, die Herausforderungen der Gegenwart und Zukunft zu bewältigen. Ich sehe darum meine Partei, die CDU, in einer besonderen Verpflichtung.

Die CDU hat die Geschichte der Bundesrepublik Deutschland entscheidend geprägt. Sie steht für Wandel und Kontinuität, vor allem aber für Stabilität nach innen und außen. In der Zeit, da Angela Merkel an der Spitze der CDU steht, hat die SPD schon vier Vorsitzende verbraucht, Müntefering nur einmal mitgerechnet. Dennoch gilt auch und gerade für die CDU: Vergangene Erfolge sind kein Garant für künftige Erfolge. Sie muss sich immer wieder als die bessere Alternative profilieren. Die Wähler belohnen eine Partei nicht für die Vergangenheit, sie wollen ihr die Zukunft anvertrauen können. Die CDU war erfolgreich, weil sie den Erfolg des Landes befördert hat. Sie wird erfolgreich bleiben, wenn sie die Globalisierung als Gestaltungsauftrag begreift – und diesen Auftrag überzeugend einlöst.

III
Die Legitimierung des Staats
in der Globalisierung

In der Finanzmarktkrise hat der Staat seine Handlungsfähigkeit bewiesen. Das hat viele überrascht, andere konnten ihre klammheimliche Freude darüber nicht verbergen, mit welchem Tempo der Staat gerade gegenüber der Wirtschaft seine Rehabilitierung erlebte. Vorüber ist der Glaube, der Markt sei sich selbst genug und werde schon alles richten. Oder gar: Ein entfesselter Kapitalismus schaffe automatisch schon eine erfolgreiche und stabile Gesellschaft.

Sie alle hätten es besser wissen können, die Verächter und die falschen Freunde der Marktwirtschaft. Das Credo liberaler Marktgläubigkeit war und ist ein Irrglaube. Es war auch nie das wirtschafts- und gesellschaftspolitische Leitbild der Bundesrepublik Deutschland und schon gar nicht das Leitbild der Christlich-Demokratischen und der Christlich-Sozialen Union. Die soziale Marktwirtschaft, wie sie von Ludwig Erhard und der CDU/CSU 1948 durchgesetzt und danach mit Leben erfüllt wurde, ist von einem blanken Marktliberalismus ebenso weit entfernt wie von einer zentralistischen Staatswirtschaft. Die soziale Marktwirtschaft war und ist das neue, in die Zukunft weisende Sozialmodell auch in den Zeiten der Globalisierung. Sie muss freilich nicht nur gepflegt und bewahrt werden, sie ist keine Antiquität, die jetzt einfach nur wieder aus dem Schrank geholt werden muss. Sie muss in ihren Leitgedanken wie zum Beispiel dem des

Wettbewerbs ebenso wieder respektiert wie auf die neuen internationalen Verhältnisse hin fortentwickelt und angepasst werden.

Die soziale Marktwirtschaft beruht auf drei Grundsätzen, die offenbar teilweise in Vergessenheit geraten sind:

Erstens: Die marktwirtschaftliche Ordnung ist allen Formen der Planwirtschaft aus ökonomischen und normativen Gründen überlegen.

Zweitens: Damit Märkte ihre Funktion erfüllen können, brauchen sie eine entsprechende Ordnung, die zu schaffen und zu garantieren Aufgabe des Staats oder transnationaler Vereinbarungen ist: Nur geordnete Märkte garantieren auf Dauer Wohlstand für alle und wirtschaftliche Sicherheit.

Und drittens: Der Markt hat seine Stärken, aber auch seine Grenzen. Es ist Aufgabe des Staats, dafür zu sorgen, dass all jene nicht aus den gesellschaftlichen Zusammenhängen ausgeschlossen werden, die noch nicht (Kinder), nicht mehr (Alte) oder zeitweise nicht (Arme, Kranke, Arbeitslose) am Marktgeschehen teilnehmen können, weil sie nicht über Kaufkraft verfügen. Das ist der Sinn der *sozialen* Marktwirtschaft.

Die Finanzmarktkrise hat auf dramatische Weise demonstriert, dass man den Sinn und die Grundsätze einer marktwirtschaftlichen Ordnung auf zweierlei Weise verfehlen kann. Auf dem *etatistischen Irrweg,* der alles Heil vom Staat erwartet und kein Vertrauen hat in die Leistungsfähigkeit geordneter Märkte, und auf dem *marktliberalen Holzweg,* der alles Heil von einem entfesselten

Kapitalismus erwartet und dabei übersieht, was die Aufgabe des Staats ist: der Marktwirtschaft eine Ordnung zu geben und der Gesellschaft Gerechtigkeit und Sicherheit. Eine intelligente Ordnungspolitik lässt die alten Schützengräben und die falschen Alternativen hinter sich – Markt oder Staat oder auch mehr oder weniger Staat? – und fragt stattdessen nach den Zusammenhängen und Synergien, wie Wirtschaft, Staat und auch Bürgergesellschaft zum Nutzen aller möglichst erfolgreich zusammenwirken können. Eine gute und erfolgreiche Gesellschaft braucht einen *starken Staat,* was nebenbei nicht zu verwechseln ist mit einem allmächtigen Staat; und sie braucht eine *starke Wirtschaft* und nicht zuletzt eine *starke Zivilgesellschaft,* in der bürgerschaftliches und ehrenamtliches Engagement keine Lippenbekenntnisse sind.

Nicht nur die aktuelle Entwicklung (Finanzmarktkrise und die Folgen), sondern die großen Veränderungen der Zeit machen es notwendig, neu und grundsätzlich über den Staat und seine Legitimierung nachzudenken. Warum und wozu brauchen wir den Staat? Und welchen Staat brauchen wir in den Zeiten der Globalisierung?

Die Globalisierung bringt notwendig Veränderungen und Verwerfungen mit sich, in der Welt, aber auch bei uns zu Hause. Die einen nutzen die neuen Chancen, die anderen verlieren die alten Sicherheiten. Gerade in einer solchen Situation ist es Aufgabe des Staats, dafür zu sorgen, dass möglichst alle möglichst gute und auch zweite und dritte Chancen haben und dass niemand vergessen wird und am Rande der Gesellschaft liegen bleibt. Notwendig ist deshalb in der Globalisierung eine Politik der Inklusion. Das ist eine Politik, die nicht bereit ist, sich damit abzufinden, dass eine wachsende Minderheit als dauerhaft ausgegrenzte Außenseiter neben uns lebt und die scheinbare Gerechtigkeitsfrage der Politik lediglich in dem Streit darüber besteht, mit wie viel Geldeinsatz diese Situation zu finanzieren ist. Eine Politik der Inklusion ist nicht bereit hinzunehmen, dass immer mehr Menschen aus den Mittelschichten zwischen Abstiegsängsten und Status-quo-Sicherung hin- und hergetrieben werden. Der Staat verliert das Vertrauen der Menschen, wenn sie sich durch ihn elementar und existenziell im Stich gelassen fühlen. Was der Staat bedeutet, um wirtschaftliche Sicherheit wiederherzustellen, hat ausgerechnet die Finanzmarktkrise offenbar gemacht. Dass es soziale und wirtschaftliche Sicherheit nicht ohne Staat geben kann, auch wenn diese teilweise neue Antworten erfordert. Darüber hinaus hat die innere und äußere Sicherheit nach dem 11. September 2001 für die Menschen einen neuen Stellenwert erhalten. Und schließlich erleben wir vom Klimawandel bis hin zur Versorgung mit Energie und Nahrungsmitteln weltweite Herausforderungen, die ohne eine neue Form von internationaler Staatlichkeit nicht zu bewältigen sind.

Europa und die Globalisierung haben das Ende des Nationalstaats des 19. Jahrhunderts gebracht, nicht aber das Ende des Staats. Stattdessen erleben wir einen Rollen- und Funktionswandel des Staats, der dazu führen wird, dass er seine Aufgaben anders, aber besser erfüllen und seine Leistungen anders, aber besser erbringen kann als in der Vergangenheit. Europa ist dafür ein gutes Beispiel. Die Europäisierung führt nicht zu einem Zerbröseln der Staatlichkeit, sondern zu einer neuen Form der Souveränität, mithilfe derer dann die europäischen Staaten ihre Ziele und Anliegen in der Welt überhaupt nur durchsetzen können, von Frieden und Entwicklung bis hin zu einer internationalen Wirtschafts- und Finanzordnung. Ein weiterer Bereich der Legitimierung des Staats besteht also darin, dass er sich europäisch verbindet und als Teil der Europäischen Union den Anspruch erhebt, ein relevanter Machtfaktor bei der Gestaltung der Globalisierung zu sein.

Europa ist aber nicht nur ein gutes Beispiel für eine neue Art von Staatlichkeit; es steht auch für die Notwendigkeit von mehr Demokratie einerseits und für ein großes Versprechen für den Rest der Welt andererseits. Staaten legitimieren sich durch ihre Leistungen für die Bürger, und das gilt auch für die Europäische Union insgesamt. Staaten legitimieren sich aber in einer Demokratie auch durch demokratische Verfahren, durch Wahlen und parlamentarische Kontrolle. Das gilt natürlich auch für die Europäische Union, und hier bestehen noch Defizite. Die Chancen und die Notwendigkeit europäischer und internationaler Gestaltung dürfen nicht von Entdemokratisierung und Entparlamentarisierung begleitet sein. Wenn ein Teil der Zukunft der Tätigkeit nationaler Staaten in der internationalen Kooperation liegt, dann müssen auch Formen internationaler demokratischer Legitimation entwickelt werden. Auch hierin liegt ein notwendiger Beitrag zur Legitimierung des Staats in der Globalisierung, nämlich die Gewährleistung von Demokratie und parlamentarischer Legitimation in der Globalisierung.

Mehr Demokratie wagen, das ist die eine Möglichkeit, die neu entstehende europäische (Über-)Staatlichkeit zu legitimieren. Die andere Möglichkeit besteht darin, den Bürgerinnen und Bürgern in Europa, aber auch den Menschen in den anderen Teilen der Welt überzeugend ein Beispiel vorzuleben und ein Versprechen, so gut es eben geht, in die Tat umzusetzen. Die Europäische Union ist die konkrete Ausgestaltung eines weltweit einzigartigen Lebensmodells, das wir in der globalisierten Welt bewahren und weiterentwickeln wollen. Das europäische Lebensmodell steht für eine Balance zwischen Wettbewerbsfähigkeit und Nachhaltigkeit, zwischen Innovation und Bewahren, zwischen Freiheit und Solidarität. Es basiert auf klaren Werten, dem Respekt vor Vielfalt und Toleranz und steht für die Gleichberechtigung von Männern und Frauen, für soziale Absicherung, Umweltschutz und Sicherheit. Europa ist die einzige Region in der Welt, in der die »Quadratur des Kreises« gelungen ist, und so soll es auch bleiben, nämlich politische Freiheit (Demokratie) und wirtschaftliche Dynamik (Marktwirtschaft), sozialen Ausgleich (Sozialstaat) und Umwelt- und Klimapolitik (Ökologie) gemeinsam im politischen Auge zu behalten und keines dieser Wertziele den anderen zu opfern. Wir lassen uns nicht einreden, dass wir, um wirtschaftlich in einer globalisierten Welt mithalten zu können, den Sozialstaat demontieren müssten oder auf die Ökologie keine Rücksicht nehmen könnten. Nur bei Erhalt dieses Quartetts hat der Name Europa einen guten Klang, bleibt es eine Einladung an die Welt und ein Versprechen, dass die Zukunft jenseits der angelsächsischen Kultur des Kapitalismus und der östlichen Formen des Kollektivismus und Sozialismus noch eine andere Möglichkeit bereithält.

Je attraktiver wir das europäische Modell nach innen und nach außen machen, umso legitimer und überzeugender werden wir auch gemeinsam mit der Europäischen Union die Globalisierung nach europäischen Werten und Prinzipien gestalten können. In diesem Sinne meine ich, dass die europäisch verbundenen Staaten nicht nur legitimiert, sondern auch aufgerufen sind, ihre Grundvorstellungen von der Rolle des Einzelnen, der Rolle des Staats, der Ordnung der Wirtschaft international zu vertreten und für eine europäische Prägung der Globalisierung einzutreten.

Der alte Nationalstaat ist passé, aber die Staaten gewinnen durch ihre »europäische« Transformation eine neue Gestaltungsmacht. In ganz ähnlicher Weise muss es gelingen, die staatlichen Ziele nach innen überzeugender zu erreichen – eben dadurch, dass der Staat zwar die öffentliche Verantwortung behält, aber nicht mehr alles selbst machen will, wohl aber durch Regeln und Standards dafür sorgt, dass die öffentlichen Güter nach Qualität und Quantität gewährleistet werden. Im Bildungswesen kann man gut zeigen, was damit gemeint ist. Wir haben seit dem 19. Jahrhundert ein verstaatlichtes Bildungswesen. Das war damals ein großer Fortschritt, heute ist es einer der entscheidenden Gründe dafür, dass das Bildungswesen weit hinter den Erwartungen zurückbleibt. Im Sinne einer neuen Staatlichkeit würde der Staat natürlich seine Verantwortung für das Bildungswesen behalten, also die Standards setzen und die Ergebnisse evaluieren und dafür sorgen, dass niemand aus sozialen oder finanziellen Gründen von einem Aufstieg durch Bildung ausgeschlossen wird. Aber er würde gleichzeitig den Schulen alle Freiheiten geben, die besten Wege zu den Bildungszielen selbst zu finden. »Steuern, nicht rudern« könnte die Maxime eines intelligenten Staats lauten. Das ist gemeint, wenn von einem aktivierenden, gewährleistenden und Chancen eröffnenden Staat die Rede ist. Mit den alten Floskeln vom »Rückzug des Staats« oder der falschen Alternative von »mehr oder weniger« Staat ist die neue Realität weder zu verste-

hen noch zu gestalten. Und auch ein »schlanker Staat«
kann fit und dynamisch oder aber magersüchtig sein.
Worauf es in den Zeiten der Globalisierung ankommt,
ist ein intelligenter Staat, auf den man sich verlassen
kann, der den Menschen Sicherheit bietet und der die
Kräfte und Potenziale der Gesellschaft freisetzt.

Eine politische Strategie für die Globalisierung

Die erörterten Ziele werden nicht von selbst erreicht, sondern müssen mit politischem Willen systematisch und konsequent verfolgt werden. Um die Globalisierung wirklich zu gestalten und ihr nicht nur einfach ausgesetzt zu sein, bedarf es einer strategisch begründeten und durchdachten Politik.

Strategische Politik stellt allerdings nicht nur eine inhaltliche Herausforderung an Politiker dar oder eine Anforderung an ihren Durchsetzungswillen. Es ist wichtig zu sehen, dass strategische Politik nicht nur in Spannung, sondern oftmals sogar im Gegensatz zu den normalen, alltäglichen Bedingungen des Politikmachens steht. Diese Spannung und Gegensätzlichkeit resultieren aus einer doppelten »Kurzfristigkeitserwartung«, die heutzutage praktisch mit allen politischen Aussagen verbunden ist. Zum einen besteht in der Öffentlichkeit die Erwartung – insbesondere bei überraschenden Ereignissen und Entwicklungen –, sofort und umfassend zu erfahren, was nunmehr ganz klar und ganz dringend zu tun ist. Jeder Politiker, der nicht sofort über einen Aktionsplan verfügt, kommt im günstigen Fall medial nicht vor oder wird im ungünstigen Fall mit den Vorwürfen mangelnden Problembewusstseins oder des Überfordert-Seins überzogen. Zum anderen sind die Zyklen des öffentlichen Interesses an den politischen Themen immer kürzer und das Bedürfnis nach steter Abwechslung immer größer. Das Thema von heute darf nicht das Thema der nächsten Woche sein, weil es in der nächsten Woche ein neues Thema geben muss. Diese äußeren Anforderungen an die Darstellung von Politik machen es schwer, eine langfristig angelegte Politik zu verfolgen. Für manche Problemlösung aber ist eine Politik des langen Atems heute schlicht unverzichtbar.

Strategische Politik muss sich indessen unbedingt davor hüten, die Spannung zwischen langfristigem und kurzfristigem Denken und Handeln als Alternative zu akzeptieren. Ginge es nur um das Entweder-Oder, stünde jeder Politiker mit einem strategischen Ansinnen vor einem Dilemma, und der politische Überlebenswille ließe das Pendel am Ende immer in Richtung Kurzfristigkeit ausschlagen. Strategische Politik wäre mithin zum Scheitern verurteilt. Politik darf und kann sich deshalb nie allein als strategisch verstehen, sie muss selbstverständlich auch im Alltag bestehen können, sie darf auch kurzfristig und taktisch sein. Aber: Es gibt kein Gebot und keine Notwendigkeit, dass Politik nur so sein muss, und keine Entschuldigung dafür, grundlegende politische Ziele nicht zu definieren und diese nicht strategisch zu verfolgen. Auf diesen Anspruch zu verzichten, was nie zugegeben, sondern einfach praktiziert werden würde, hieße nichts anderes, als dass Politik sich ihrer eigenen Legitimation berauben und sich selbst entmachten würde.

Eine solche Politik würde sich deshalb ihrer eigenen moralischen Legitimation berauben, weil sie sich nicht als dienend verstünde, sondern stattdessen selbstgenügsam wäre. Das Wesen demokratischer Politik besteht aber darin, dass Politiker nicht für sich da sind, sondern für die, die sie vertreten; das sind – nebenbei gesagt –

nicht ihre Wähler, sondern das gesamte Volk. In diesem Verständnis erstreben Politiker Macht, eben nicht als Selbstzweck, sondern als Mittel zum Zweck. Ich wehre mich dagegen, dass dieses Politikverständnis als naiv abgetan wird. Ich halte es vielmehr für eine naive Unterschätzung der Bevölkerung, anzunehmen, diese würde nicht erspüren oder könne dauerhaft darüber getäuscht werden, von welchem Grundverständnis und Geist Politik und einzelne Politiker geprägt sind.

Politik ohne strategischen Anspruch würde nicht nur zur Delegitimierung, sondern auch zur Selbstentmachtung führen, weil Politik ohne strategischen Anspruch schlechterdings unfähig wäre, die wirklich bedeutsamen Probleme zu lösen. Ob es um die soziale Sicherung, die Verbesserung des Bildungssystems, die Energieversorgung, die Beherrschung des Klimawandels, den Einsatz für Menschenrechte, die Integration von Migranten, die Etablierung von Welthandelsregelungen, Friedensmissionen an den Konfliktherden dieser Welt und dergleichen mehr geht, all diese Probleme und Herausforderungen sind nicht kurzfristig lösbar. Immer geht es um die Steuerung langfristiger komplexer Entwicklungen unter Beteiligung zahlreicher Akteure auf unterschiedlichen Ebenen. Der zeitliche Problemlösungshorizont erstreckt sich daher über Jahre und Jahrzehnte, gelegentlich auch über Generationen.

Die Globalisierung hat dabei die Räume politischer Gestaltung in vielfältiger Art und Weise verändert. Der Nationalstaat, auf dem unsere Art, Politik zu betreiben, aufbaut, ist nicht mehr der unumstrittene Hegemon früherer Zeiten, und die Akteure, mit denen im Nationalstaat früher politische Prozesse auszuhandeln waren, sind ebenfalls nicht mehr dieselben. Politik hat es heute mit einer großen, sich schnell wandelnden und wachsenden Anzahl von Anspruchsgruppen zu tun, die sich oft weder auf das geografische Territorium des Nationalstaats noch auf die traditionellen »Sektoren« ihres politischen Handelns beschränken lassen. Jedes verbleibende nationalstaatliche Handeln unterliegt neuen Beschränkungen und Einflüssen. Der Unterhalt und die Nachhaltigkeit nationaler Sozialsicherungssysteme zum Beispiel, früher Ausdruck einer gesellschaftlich getroffenen Übereinkunft über die Art und das Ausmaß gewollter Umverteilung und erwünschter sozialer Fürsorge, ist nunmehr zu einem harten Faktor im internationalen Wettbewerb um Investitionen geworden, wie schon ausführlich beschrieben wurde. Der Nationalstaat wird also über den Umfang seines Sozialsystems nicht mehr autark bestimmen können, er wird mit den unterschiedlichsten Akteuren verhandeln und sich multilateral um Absprache und um ständige Anpassung an sich verändernde Rahmenbedingungen bemühen müssen. Im Ergebnis ist die politische Gestaltung partizipatorischer geworden, denn sowohl auf internationaler als auch auf nationaler Ebene gibt es den Zwang, sich multilateral zu einigen. Das heißt für die Politik nicht nur, dass es schwieriger geworden ist, zu befriedigenden Ergebnissen zu kommen. Auch die demokratische Steuerung und Kontrolle des Gemeinwesens ist betroffen. Sie hat sich verändert, denn sie kann nicht mehr nur auf dem Staat oder gar auf dem Parteiensystem aufbauen. Politik ist unübersichtlicher geworden und ein komplexeres System.

Umso wichtiger ist es deshalb, dass sich Politik auf Prinzipien besinnt und diese auch öffentlich vermittelt. Bevor wir in unserem Land zu einer von der Bevölkerung akzeptierten, verantwortungsvollen, auf die ordnende

Gestaltung der Veränderungen abzielenden Politik kommen können, bevor wir uns darauf festlegen können, welche strategischen Elemente ein solcher politischer Ansatz enthalten muss, muss eine Vergewisserung und Klärung darüber erfolgen, welches Verständnis vom Menschen und der Aufgabe von Politik zugrunde liegt.

Für mich ist grundlegend, dass der Mensch niemals und in keiner Beziehung Objekt ist, auch nicht in der Haltung erzieherischer, paternalistischer Bevormundung durch den wohlmeinenden Staat. Jeder Mensch ist vielmehr eine zur Freiheit begabte Person. Wenn wir dem Menschen aber zutrauen, als sittliches Wesen vernünftig und verantwortlich zu entscheiden und zu handeln, wenn wir ihm zutrauen, dabei die Freiheit des anderen als Bedingung und Begrenzung der eigenen Freiheit zu akzeptieren, dann muss unsere Politik darauf gerichtet sein, den individuellen Freiheitsraum zu erweitern und abzusichern. Allerdings begreifen wir den Menschen dabei nicht als jenen stets erfolgreichen, stets vernünftig handelnden Homo oeconomicus, als den ihn jene missverstehen, welche die Kräfte des Marktes über alles erheben. Der Mensch ist uns nicht nur ein freies, sondern auch ein schutzbedürftiges Subjekt: Die Politik hat deshalb nicht nur die Aufgabe, sich um diejenigen zu kümmern, die sich absolut nicht mehr selbst helfen können, sie ist nicht nur der barmherzige Samariter. Politik muss Hilfestellungen geben, wo niemand anders Hilfe gibt, sie muss Chancen eröffnen, wo keine Chancengleichheit herrscht, und sie muss intervenieren, wo es ungerecht zugeht.

Wie erkennen wir Ungerechtigkeit, die wirklich nach politischem Eingreifen verlangt und nicht nur eine Empörungsformel im täglichen politischen Geschrei ist? In meinen Augen liegt politische Ungerechtigkeit dann vor, wenn der Einzelne im Stich gelassen wird. Das ist immer dann der Fall, wenn der Einzelne nicht angenommen oder nicht anerkannt wird in dem, was er für die Gemeinschaft zu leisten bereit ist oder leistet. Die gesellschaftliche Wertschätzung des Einzelnen darf nicht davon abhängen, inwieweit er – insbesondere wirtschaftlich – nützlich ist, sondern muss darin begründet sein, inwieweit der Einzelne bereit ist, das ihm Mögliche zu leisten. Gerade die Verunsicherung, die von der Globalisierung ausgeht, erfordert die Stärkung des Einzelnen dadurch, dass er sich auf die Anerkennung seiner Leistung verlassen kann. Und genauso ist die Stärkung des Einzelnen in der Weise unverzichtbar, dass dem Schwächeren geholfen wird, eine Leistung zu erbringen. In diesem Verständnis sehe ich in dem Leistungsprinzip das rationale, bürgerliche Gerechtigkeitsprinzip, das durch die Globalisierung neue Aktualität gewinnt. Am Beispiel der Bildungspolitik lässt sich sehr gut verdeutlichen, wie aktuell das Leistungsprinzip ist und wie konkret die Schlussfolgerungen aus diesem Prinzip für die Politik heute sind. Bildungspolitik nach dem Leistungsprinzip hat die Aufgabe, alle zu fördern und darunter nicht die besonders Leistungsstarken auszusparen. Denn auch die Missachtung des Leistungsfähigen ist ungerecht. Gleichzeitig kann es die Politik unter dem Maßstab des Leistungsprinzips nicht hinnehmen, dass heute die soziale Herkunft und der Bildungsstatus des Elternhauses wesentlich darüber mitbestimmen, wie weit man als Kind und Jugendliche oder Jugendlicher im Bildungssystem kommt.

Ich halte es deshalb für dringend an der Zeit, die Diskreditierung des Leistungsprinzips, die sich in Deutschland eingeschlichen hat, zu überwinden und es als Gerechtigkeitsprinzip zu rehabilitieren. Dazu gehört dann auch die Erkenntnis, dass Leistung etwas anderes ist als Erfolg. Denn wie die Diskreditierung von Leistung hat sich die Verwechslung von Leistung mit »Erfolgen« auf den unwägbaren Gelegenheitsmärkten von Finanzspekulationen, Kulturindustrie und medialer Prominenz eingeschlichen. In Zeiten, in denen manche sich kaum noch Chancen auf den normalen Arbeitsmärkten ausmalen und gleichzeitig die größten wirtschaftlichen Erträge jenseits von Arbeit und Gütererzeugung erlangt werden, nämlich mit kurzfristigen »Markterfolgen«, führt auch dies zu einer Diskreditierung von Leistung, für die ausnahmsweise nicht die 68er verantwortlich gemacht werden können. Das Wichtigste aus meiner Sicht ist, dass auch dies nicht Kulturpessimismus, sondern eine Politik begründet, die sich um die Renaissance des Leistungsgedankens bemüht.

I
Die Würde des Einzelnen wahren: Die Globalisierung braucht ein sozialethisches Prinzip

Politik in diesem Verständnis ist auf ein sozialethisches Fundament angewiesen. Sie muss sich über dieses Fundament selbst vergewissern und ihren Ausgangspunkt offenlegen. Das gilt umso mehr für eine Politik, die sich um politische Veränderung und damit um Akzeptanz für Veränderung bemüht. Eine Politik, welche die ethische Dimension ihres Handelns ignoriert oder negiert, muss jedenfalls in historischen Phasen, die grundlegend neue Entscheidungen und Gestaltung erfordern, auf der ganzen Linie scheitern. Denn Politik ohne Ethik ist bestenfalls Technokratie. Mit Technokratie lassen sich aber weder die Maßstäbe noch die Ziele von Politik bestimmen. Die politischen Maßstäbe und Ziele sind es jedoch, die allein im öffentlichen Diskurs den Bürgern vermittelbar sind und an denen die Bürger die Politik messen können. Politik und politische Kommunikation, die sich in der Darstellung ihrer technischen Komponenten erschöpfen, sind darum nicht nur verräterisch, sondern vor allem ein Beitrag zur öffentlichen Verwirrung in Zeiten allgemeiner Verunsicherung.

Die Enzyklika »Mater et Magistra« gilt zu Recht als einer der wichtigsten Texte der modernen katholischen Soziallehre und damit der christlichen Sozialethik. Die Aktualität dieser Schrift, die von Papst Johannes XXIII. im Jahr 1961 veröffentlichte wurde, ist bemerkenswert. Der Mensch, so heißt es in dieser Enzyklika, müsse »Träger, Schöpfer und das Ziel aller gesellschaftlichen Einrichtungen sein«. Diese Formulierung ist die Ableitung eines sozialethischen Postulats aus der christlichen Anthropologie, der Vorstellung von einer durch Gott vermittelten Würde des einzelnen Menschen.

In dem »Gemeinsamen Wort« der Deutschen Bischofskonferenz und des Rates der Evangelischen Kirche in Deutschland »Für eine Zukunft in Solidarität und Gerechtigkeit« aus dem Jahr 1997 wird der Auftrag der Enzyklika implizit aufgenommen und präzisiert: Alles politische Handeln, insbesondere in der Wirtschafts- und Sozialpolitik, sei vor allem daran zu messen, »inwiefern es die Armen betrifft, ihnen nützt und sie zu eigenverantwortlichem Handeln befähigt. Dabei zielt die biblische Option für die Armen darauf, Ausgrenzungen zu überwinden und alle am gesellschaftlichen Leben zu beteiligen.«

In beiden Schriften wird also entscheidend auf den einzelnen Menschen abgestellt – und zwar mit dem Anspruch auf gesellschaftliche Beteiligung. Wenn in unseren Tagen so oft und gleichzeitig so leichtfertig von sozialer Gerechtigkeit gesprochen wird, dann lässt sich auf dieser Grundlage genauer sagen, um was es richtigerweise und konkret geht: nämlich um Beteiligungsgerechtigkeit. In einem Positionspapier der Kommission für gesellschaftliche und soziale Fragen der Deutschen Bischofskonferenz aus dem Jahr 2003 ist davon erstmalig explizit die Rede.

Die Diskussion um soziale Gerechtigkeit in unserem Land ist indessen von diesem Gedanken nicht entscheidend geprägt worden. Im Zentrum der öffentlichen Debatte steht statt der Beteiligungsgerechtigkeit vielmehr die »Verteilungsgerechtigkeit«. In diesem Verständnis ist die Vokabel der »sozialen Gerechtigkeit« vor allem als politischer Kampfbegriff in die öffentliche Debatte eingegangen. Dieser Begriff wird in erster Linie nicht inhaltlich genutzt, sondern funktional. Er dient als rhetorisches Kampfinstrument, in dessen begrifflichem Schutz die unterschiedlichsten parteipolitischen Angriffe unternommen werden. Ob Studiengebühren, Arbeitsmarktinstrumente, steuerpolitische Fragen jedweder Art, Krankenhausfinanzierung oder der Börsengang der Bahn: Das Verdikt der »sozialen Ungerechtigkeit« macht sprechfähig, ohne argumentieren zu müssen, und es ist vorzüglich als Tarnkappe geeignet, um im Namen des Gemeinwohls partikularistische Interessen verfolgen zu können.

Soweit mit dem Wort von der »sozialen Gerechtigkeit« überhaupt eine inhaltliche Vorstellung verbunden wird, geht es regelmäßig um »Verteilungsgerechtigkeit«. Dieser Vorstellung liegt sowohl ein bestimmtes Verständnis von Gesellschaft als auch ein klares Konzept von Sozialpolitik zugrunde. Eine »gute Gesellschaft« erkennt man demnach daran, inwiefern es gelingt, die Ergebnisse der allgemeinen Wirtschaftsleistung angemessen zu verteilen. »Gute Sozialpolitik« in diesem Sinne definiert sich somit über die Höhe und Dauer von Ausgleichsansprüchen, die der Einzelne gegenüber der Gemeinschaft in unterschiedlichen Lebenslagen geltend machen kann.

Die Unterschiede zwischen den sozialethischen Prinzipien der Beteiligungsgerechtigkeit einerseits und der Verteilungsgerechtigkeit andererseits sind also fundamental. Sie wurzeln in einem unterschiedlichen Bild vom Menschen. Beteiligungsgerechtigkeit duldet keine Ausgrenzung des Einzelnen, sondern verlangt Teilnahme und Teilhabe, weil sich nur darin die Freiheit und die

Verantwortung der Person entfalten können. Eine auf dem Begriff Verteilungsgerechtigkeit beruhende Politik degradiert den Einzelnen zum passiven Leistungsempfänger, macht ihn zum Anspruchsteller und zum Objekt der Alimentierung durch andere und den Staat. Der Gedanke, dass der Staat oder die Gesellschaft den Menschen nicht zunächst und zuerst zu alimentieren als vielmehr dazu zu befähigen habe, wieder selbst zum Leistungserbringer zu werden, wird von Verteilungspolitikern regelmäßig als Ausrede, nicht wirksam helfen zu wollen, denunziert.

Selbstverständlich beinhaltet Beteiligungsgerechtigkeit keine Absage an das Gebot der Solidarität der Stärkeren mit den Schwächeren, an das Bemühen, Einkommens- und Vermögensunterschiede nicht aus dem Ruder laufen zu lassen, oder auch an die Notwendigkeit, nicht nur Hilfe zur Selbsthilfe, sondern schlicht Hilfe zu leisten. Eine Politik, die »um des Menschen willen« erfolgt, wird niemanden zurück- oder alleinlassen.

Eine Politik für Beteiligungsgerechtigkeit aber will mehr leisten als eine gute Organisation finanzieller Transferleistungen. Sie will Aktivität statt Passivität, sie will die Autonomie des Menschen statt Fremdbestimmung, sie will Verantwortung statt Entmündigung und sie will faire Chancen statt Großzügigkeit. Sie will die Selbstentfaltung des Menschen ermöglichen um seiner selbst willen.

Eine Politik für eine beteiligungsgerechtere Gesellschaft ist damit zugleich eine Politik, die für ein stärkeres Zusammenwachsen der Gesellschaft sorgt. Denn in allen Formen der Selbstentfaltung fließen Rechte und Pflichten zusammen: Der Einzelne, wenn er aktiv an der Gemeinschaft teilhat, kann nicht nur etwas von ihr verlangen, er ist nicht nur Träger von Rechten und Inhaber von Ansprüchen. Der Einzelne lebt gleichzeitig in der Verantwortung für sich selbst und für die Gemeinschaft, und er hat die Pflicht, die ihm zukommende Hilfe zur Selbsthilfe einzusetzen.

Die Vorstellung von Sozialpolitik als Verteilungspolitik ist aber nicht nur irreführend, weil sie den Menschen missversteht. Sie neigt auch dazu, ökonomisch blind zu machen und die Verschränkung von Sozial- und Wirtschaftspolitik zu ignorieren. Sie geht davon aus, dass es irgendeine feststehende Verteilungsmasse gibt, den berühmten Kuchen, der nun einmal eine bestimmte Größe habe und den es zu verteilen gelte, wobei das Kuchenbacken und das Kuchenverteilen als ganz voneinander zu trennende Tätigkeiten angesehen werden. Im Begriff der Verteilungspolitik drückt sich ein antagonistisches Denken aus, eine Vorstellung vom Gegenüber von Kapital und Arbeit, von Oben und Unten, von Reich und Arm. Solch ein Denken ist veraltet und von einem zeitgemäßen, integralen Politikverständnis so weit entfernt wie von der sozialen und ökonomischen Wirklichkeit.

Spätestens in unseren von der Globalisierung geprägten Zeiten müssen wir die Verteilungspolitik als politische Konzeption für gescheitert ansehen. Die Integration der Schwächeren und Bedürftigen, welche die Verteilungspolitik verspricht, ist durch finanzielle Alimentation nicht mehr zu erreichen – selbst wenn der Staat seine Großzügigkeit nicht schon aus haushalterischen Gründen einschränken müsste, was bereits heute der Fall ist. Denn die entscheidende Weichenstellung dafür, ob Globalisierung individuell Gewinn verheißt oder Verlust, ob sie Dazugehören bedeutet oder Ausgeschlossensein, Zuversicht oder Zukunftsangst, liegt nicht mehr in der Ausstattung mit finanzieller Alimentation, sondern in der möglichst frühen Ausstattung mit individueller Befähigung und Qualifikation. Wer das verpasst, hat die Chance, mithilfe des Staats nachzuholen, aber nicht die Chance, das Verpasste durch finanzielle staatliche Leistungen zu ersetzen. Der Versuch, per Transfer kompensieren zu wollen, ist aussichtslos. Er führt höchstens zu einer doppelten Überforderung, nämlich sowohl des Staats, der solche Transfers organisieren soll, als auch der Bürger, die sie bezahlen müssen.

Dass der Versuch, vornehmlich durch Verteilungspolitik soziale Gerechtigkeit zu erzeugen, in Wahrheit diejenigen im Stich lässt, denen man mit Transferleistungen eigentlich besondere Hilfe zukommen lassen will, dokumentieren die entsprechenden Statistiken. Trotz der immensen finanziellen Transferleistungen des deutschen Sozialstaats gibt es eine große und sich verfestigende Zahl von Menschen, die dauerhaft und zum Teil schon über Generationen hinweg von Sozialleistungen abhängig sind. Ich empfinde die Gewöhnung daran, dass es in großer Zahl dauerhaft verfestigtes Außenseiterdasein, Fatalismus und Perspektivlosigkeit in unserer Gesellschaft gibt, skandalös. Es zeigt, dass das blinde Vertrauen auf Verteilungspolitik nicht nur die Probleme nicht löst, sondern zudem eine palliative Wirkung in der Gesellschaft entfaltet, wie ein Medikament, das den Schmerz nimmt, aber nicht gesund macht.

Beteiligungsgerechtigkeit dagegen ist ein sozialethisches Prinzip, aus dem sich ganz konkrete positive Ableitungen für politische Gestaltung ergeben. Eine derartige Form von Gerechtigkeit ist Ausgangspunkt einer wirtschafts-, sozial- und steuerpolitischen Agenda.

An erster Stelle unter den konkreten Ableitungen von Beteiligungsgerechtigkeit ist die Forderung nach einer Erneuerung der Bildungspolitik zu nennen. Bildung muss früher ansetzen, integrativer ausgelegt sein und die unterschiedlichen Lebensphasen besser erfassen, als das heute der Fall ist. Vor allem aber ist Bildungspolitik nicht mehr nur eine Sparte von Politik neben anderen. Sie ist es zwar auch, aber eben doch viel mehr: Sie hat eine Querschnittsbedeutung für die Entwicklung unserer Gesellschaft schlechthin. Denn die individuellen Chancen eines Menschen beruhen auf seiner Entwicklung ab dem frühesten Alter. Bildung ist also die vorsorgende, präventive, befähigende Variante und das Gegenstück zu einer reparierenden Sozialpolitik. Die Entfaltung der individuellen Begabungen und Möglichkeiten ist in gleicher Weise die entscheidende Pflege der wichtigsten wirtschaftlichen Ressource, die unser Land hat, nämlich seine Menschen. Bei all dem ist Bildung niemals Verzweckung des Menschen, sondern zuallererst zweckfreie Selbstentfaltung. Von dem, wie sich Bildungspolitik heute verstehen und was sie leisten muss, wird ausführlich im nächsten Kapitel die Rede sein.

Eine wichtige Konkretisierung des Prinzips der Beteiligungsgerechtigkeit bildet das Leistungsprinzip in dem Sinne, wie es bereits beschrieben wurde. Die wichtigste Form gesellschaftlicher Beteiligung besteht darin, in der Gesellschaft Leistungen welcher Art auch immer zu erbringen. Das Leistungsprinzip unter dem Aspekt der Beteiligungsgerechtigkeit fragt danach, ob die Politik den einzelnen Menschen die Möglichkeit gibt, Leistungen zu erbringen, oder ob sie dies – möglicherweise für bestimmte Gruppen – behindert. Und es fragt danach, ob und welche Anerkennung bestimmte Leistungen in der Gesellschaft durch die Politik erfahren. Natürlich gibt es hierauf keine objektiven Antworten, die Fragen umreißen vielmehr lediglich den Gegenstand der politischen Auseinandersetzung. Aber die Beteiligungsgerechtigkeit liefert den sozialethischen Maßstab und damit das Kriterium, um in dem von immer mehr Bürgern als verwirrend empfundenen politischen Streit Orientierung zu finden.

Die wichtigste Form gesellschaftlicher Beteiligung, die durch individuelle Leistung erfolgt, bildet die Erwerbsarbeit. Aufs Ganze gesehen ist sie die wichtigste Basis individueller, familiärer und gesamtgesellschaftlicher Existenz. Beteiligung der Menschen an Arbeit und durch Arbeit gehört deshalb zu den vordringlichen Forderungen an politisches Handeln. »Vorrang für Arbeit« ist ein politischer Appell und gleichzeitig ein Prinzip, welches das Bemühen um Beteiligungsgerechtigkeit auf seiner Seite hat. An dieser Stelle wird ganz besonders die Brücke sichtbar, die das Prinzip der Beteiligungsgerechtigkeit zur Wirtschaftspolitik schlägt. Während Verteilungspolitik immer von dem Wirtschaftsprodukt als vorgegebener Größe ausgeht, sieht sich eine Politik der Beteiligungsgerechtigkeit auch in der Verantwortung dafür, dass wirtschaftliche Leistung und wirtschaftlicher Erfolg entstehen. Wirtschaftspolitik ist in diesem Verständnis nicht der Gegner, sondern der Partner von Sozialpolitik. Gefordert wird also von der Politik, auf den unterschiedlichen Gebieten – von der Technologie- über die Steuerbis hin zur Familienpolitik – alle Maßnahmen zu ergreifen, die der Entstehung von Wachstum und Arbeitsplätzen förderlich sind.

Beteiligungsgerechtigkeit ist aber zugleich ein Prinzip, das nicht nur einen Anspruch der Bürger gegen den

Staat, sondern auch eine Verpflichtung der Einzelnen gegenüber der Gemeinschaft beschreibt. Vorrang für Arbeit heißt nämlich auch Vorrang der persönlichen Leistungserbringung immer dann, wenn diese möglich ist. Bevor man versucht, Unterstützungsleistungen der Gemeinschaft in Anspruch zu nehmen, muss man erst einmal versuchen, selbst eine Leistung zu erbringen. Das heißt zum Beispiel, eine Arbeit auch dann anzunehmen, wenn die Entlohnung geringer ausfällt als die soziale Unterstützungsleistung – solch eine Disparität muss vorübergehend hingenommen werden. In vielen Fällen ist das der Einstieg, um am Ende besser dazustehen. Wenn das nicht gelingt, fällt die Disparität auf den Staat zurück. Dann muss er durch Lohnzuschüsse an den Arbeitnehmer nicht nur ausgleichen, sondern Anerkennung für Arbeitsleistung ausdrücken. Aber das Prinzip muss klar sein: Nicht die individuelle Leistungspflicht ist subsidiär gegenüber der solidarischen Unterstützung der Allgemeinheit, sondern die Solidarität ist subsidiär gegenüber individuellem Leistungsvermögen.

Das Prinzip Vorrang für Arbeit muss ferner auch bei der Ausgestaltung arbeitsmarktfördernder Maßnahmen gelten. Wenn etwa diskutiert wird, ob es zulässig sei, solche Instrumente nicht erst bei eingetretener Arbeitslosigkeit einzusetzen, sondern präventiv bei erkennbaren Gefährdungslagen, dann kann man nach meiner Auffassung eigentlich nur in einer Richtung entscheiden: Wenn es der Arbeitsfähigkeit dient, dann selbstverständlich. In der Diskussion geht es konkret zum Beispiel um Fördermaßnahmen, bei denen Arbeitslosen geholfen wird, ihren Hauptschulabschluss nachzuholen. Bislang werden solche Kurse dem 34 Jahre alten Arbeitslosen bezahlt, aber nicht dem 14-jährigen Schüler, der in der

Schule zu scheitern droht. Es ist natürlich richtig: Die Vermittlung von Schulabschlüssen ist Aufgabe der in der Hoheit der Bundesländer liegenden Schulpolitik und an sich nicht Aufgabe des Bundes. Aber richtig ist eben auch: Es gibt – und zwar zunehmend – typische Risikosituationen für lebenslange Arbeitslosigkeit und Sozialabhängigkeit; es gibt – und zwar zunehmend – eine klar definierbare Schicht von Bildungsgescheiterten, die zum normalen Arbeitsmarkt fast keinen Zugang mehr hat. Wer ohne Abschluss ist und seine Schullaufbahn abgebrochen hat, der hat schon heute ganz schlechte Aussichten auf dem deutschen Arbeitsmarkt; der permanente technologische Fortschritt wird dazu führen, dass die Lage für ihn aussichtslos wird. Wenn solch einer Situation im frühen Stadium wirksam begegnet werden soll – und nur in diesem Stadium ist das in nennenswertem Umfang möglich –, dann geht eine solche Förder- und Bildungsleistung eindeutig über das hinaus, was der normalen Schulpolitik abzuverlangen ist. Es handelt sich hier vielmehr um eine Maßnahme gezielter präventiver Sozialpolitik. Eine solche Politik hat darum nichts zu tun mit einem Eingriff in die Kulturhoheit der Länder, sondern ist Ausdruck der unerlässlichen Verzahnung von Bildung und sozialer Integration.

Ebenso folgt im Hinblick auf die Ausgestaltung von Lohnersatzleistungen im Falle von Arbeitslosigkeit aus dem Prinzip der Beteiligungsgerechtigkeit, worum es auch hier gehen muss. Selbstverständlich erst einmal darum, den Lebensunterhalt des Arbeitslosen und seiner Familie zu gewährleisten. Aber das Ziel besteht nicht darin, möglichst lange Erwerbslosigkeit und Abhängigkeit zu finanzieren, sondern das Ziel heißt Reintegration, also dem Betreffenden zu helfen, wieder auf die eigenen

Beine zu kommen. Wie sollte nun unter dieser Zielbestimmung das System der Zahlung von Arbeitslosengeld ausgestaltet sein? Die Arbeitsmarktforschung hat hierzu drei empirische Erkenntnisse zutage gefördert: Solche Zahlungen können relativ hoch, also nahe am früheren Verdienst liegen, ohne dadurch Fehlanreize auszulösen, sich nicht um eine neue Erwerbstätigkeit zu kümmern. Das Gleiche gilt, wenn der Zeitraum des Bezugs relativ lang ist. Lediglich die Kombination beider Elemente, also relativ hohe Zahlungen über eine relativ lange Zeit, führt erfahrungsgemäß dazu, dass die Chancen, wieder in Arbeit zu kommen, deutlich sinken. Dies verdeutlicht, dass es nicht in erster Linie um Geld oder um Sozialversicherungstechnik bei der Diskussion und der Entscheidung ging, den Bezug von Arbeitslosengeld für ältere Arbeitslose von zwölf auf 18 Monate zu verlängern. Es ging und geht um eine Grundsatzfrage, nämlich um unser Verständnis von Sozialpolitik. Ist Sozialpolitik dann sozial, wenn sie die Ausweitung von finanziellen Leistungen vorsieht, oder bemisst sich das Soziale daran, ob es gelingt, Menschen wieder zu aktivieren und in die Arbeitswelt zu integrieren? Wenn Beteiligungsgerechtigkeit der Maßstab ist, dem wir uns verpflichtet fühlen, kann es nur um Letzteres gehen.

Die Entscheidung, die Bezugsdauer zu verlängern, war übrigens am Ende insofern akzeptabel, als die verlängerte Zahlung an die Bedingung geknüpft ist, dass dem Arbeitslosen weder ein Arbeitsplatz noch eine Fördermaßnahme, etwa zur Weiterbildung, angeboten werden kann. Bei guter Konjunktur auf dem Arbeitsmarkt halte ich die Regelung darum für in Ordnung, bei schlechter Konjunktur birgt sie allerdings die Gefahr, an die betroffenen Arbeitslosen Steine statt Brot zu verteilen.

Die Frage der Gerechtigkeit stellt sich selbstverständlich nicht nur bei der Ausgestaltung von Lohnersatzleistungen, sondern auch bei der Entlohnung von Erwerbsarbeit. Allerdings ist die Lohnfindung in unserem Land richtigerweise im Wesentlichen nicht Sache des Staats, sondern einerseits des Marktes, der durch das Prinzip von Angebot und Nachfrage den Produktionsfaktor Arbeit bewertet und einen Preis für ihn bildet, und andererseits einer kollektiven, kontradiktorischen Interessenvertretung, um in Tarifverhandlungen zwischen Gewerkschaften und Arbeitgeberverbänden den Lohn auszuhandeln und notfalls auszukämpfen. Der Staat gewährleistet diese Verfahrensweise, in der Sache hält er sich zurück, die Lohnfrage ist der Gesellschaft und ihren Akteuren anvertraut. Nach Jahrzehnten des Konsenses hierüber tauchen zunehmend Gerechtigkeitsfragen hinsichtlich der Entlohnung auf, und zwar auffälligerweise genau an zwei Stellen, nämlich am unteren und am oberen Ende der Lohnskala. Dies liegt unter anderem an zwei tatsächlichen Veränderungen, die mit der Globalisierung zu tun haben. Zum einen führt der globale Wettbewerb auf dem Arbeitsmarkt zu einer erheblich stärkeren Differenzierung und Auseinanderentwicklung der Löhne, als in der Vergangenheit üblich. Zum anderen hat die Bindungskraft der kollektiven Interessenvertreter Gewerkschaften und Arbeitgeberverbände gegenüber dem einzelnen Arbeitnehmer und dem einzelnen Arbeitgeber – regional zum Teil dramatisch – nachgelassen. Und damit fällt die Gerechtigkeitsfrage zu einem gewissen Teil an die Politik. Das kann man bedauern, weil damit auch eine Parteipolitisierung von Fragen der Lohnfindung verbunden ist, aber man muss es zur Kenntnis nehmen und Antworten finden. Dafür, wie die

Antwort ausfallen könnte, sind erneut das Beteiligungs- und das Leistungsprinzip heranzuziehen.

An der Spitze der Lohnskala geht es um Managervergütungen, die einerseits in Deutschland eine große Bandbreite aufweisen, andererseits aber unbestritten in den vergangenen zehn bis 15 Jahren im Gegensatz zur Lohnentwicklung der übrigen Bevölkerung enorm angestiegen sind und in Einzelfällen gigantische Höhen erreicht haben. Das Entscheidende an der gesellschaftlichen Missbilligung, die diese Entwicklung weithin gefunden hat, ist nicht der Neidfaktor, der sicher auch eine Rolle spielt. Das sozialethisch Entscheidende an dieser Entwicklung ist, dass der Lohn hier den Bezug zur persönlichen Leistung verloren hat und durch den Bezug zum – kurzfristigen – wirtschaftlichen Erfolg ersetzt worden ist. Ganz egal, wie genial jemand als Manager sein mag, wie viele Stunden er arbeitet oder wie wenig Urlaub er nimmt – gelegentlich liegt übrigens nichts von dem vor –, zu begründen ist eine solche Vergütung allenfalls mit dem Bezug zum wirtschaftlichen Erfolg. In der Ersetzung der persönlichen Leistung durch den wirtschaftlichen Erfolg drückt sich eine der gravierenden wirtschaftskulturellen Veränderungen aus, die auf die Globalisierung zurückgehen. Die Ablösung von Leistung durch Erfolg bedeutet Entpersönlichung. Sie macht diejenigen unglaubwürdig, die von anderen oder vom Staat die Beachtung des Leistungsprinzips verlangen, es für sich aber nicht gelten lassen wollen. Darum hat dieses Thema ungeachtet der relativ wenigen Fälle und seiner rein ökonomischen Irrelevanz durchaus eine Relevanz für die Akzeptanz von Marktwirtschaft. Die Finanzmarktkrise hat auch dies alles auf die Spitze getrieben. Denn in dieser Krise wurde das, was einst als Erfolg gesehen und

bewertet wurde, als Schein und wirtschaftliche Blase ent-
tarnt. Der scheinbare Erfolg, der mit Millionenvergütun-
gen an relativ wenige Finanzhändler und Bankmanager
honoriert wurde, hat sich in einen unermesslichen realen Schaden von ganz vielen verwandelt.

Allerdings zeigt diese Krise auch, dass die durch Globalisierung erzeugten wirtschaftskulturellen Veränderungen nicht ein für alle Mal feststehen, sondern kritisier-
und veränderbar sind. Wenn die Maßlosigkeit der vergangenen Jahre etwas Gutes erbracht hat, dann die kri-
sengestützte Mahnung und Bestätigung einer Kultur des
Maßes.

Diese international einzubringen und abzustützen
halte ich für den entscheidenden Auftrag auch der nationalen Politik. Dagegen halte ich mit einer Ausnahme
nationale Regelungen über Managergehälter für wenig
sinnvoll. Erstens handelt es sich nicht typischerweise
um ein Phänomen deutscher Unternehmen oder deutscher Unternehmenskultur. Zweitens geht es rechtlich
letztlich darum, wie Kapitaleigner ihre leitenden Angestellten auswählen und bezahlen und ob sie dabei der
gesellschaftlichen Verantwortung von Unternehmen gerecht zu werden versuchen. Es geht um Unternehmens-
ethik; und in ihrem Bereich lässt sich gesetzlich kaum
etwas erzwingen. Wer allerdings glaubt, der Verzicht
eines nationalen Gesetzgebers auf Regelung sei ein Frei-
brief für Beliebigkeit, der irrt und fügt der Marktwirtschaft Schaden zu.

Eine Ausnahme von meinem Plädoyer für gesetzgebe-
rische Zurückhaltung in diesem Bereich mache ich im
Hinblick auf eine Frage zur Ausgestaltung von Managervergütungen. Im Lauf der Zeit wurde mehr und mehr der
kurzfristige Erfolg als bedeutendes Kriterium der varia-

blen Vergütungshöhe etabliert. Dies ging und geht so weit, dass sogar ein Teil der Höhe der Vergütung der Mitglieder des Aufsichtsrats, also des permanenten Kontrollgremiums des Unternehmensvorstands, am kurzfristigen Erfolg des Unternehmens bemessen wird. Dieser Anreiz zu kurzfristiger Orientierung auf Kosten einer langfristigen Unternehmensstrategie zählt zu den strukturellen Ursachen, die zu den Exzessen und zugleich der Blindheit geführt haben, welche die Finanzmarktkrise möglich gemacht haben. Die Wirtschaft selbst sollte als Konsequenz aus der Finanzmarktkrise im Wege der Selbstregulierung die auf kurzfristigen Erfolg angelegten Bonussysteme abschaffen. Wenn dies nicht geschieht, halte ich eine gesetzliche Regelung dieses Inhalts für möglich und geboten.

Am unteren Ende der Lohnskala entsteht ein ethisches Problem dann, wenn der Erwerbslohn des Einzelnen weniger ausmacht als die zusammengefassten Sozialleistungen, die der Staat im Falle der Erwerbslosigkeit zahlen würde (also das sogenannte Arbeitslosengeld II und die Unterkunftsleistungen). Vorübergehend ist eine solche Situation hinnehmbar, insbesondere in einer beruflichen (Wieder-)Einstiegsphase, in der man sich bewähren muss und die mit einer Perspektive verbunden ist. Aber wenn die Perspektive des Aufstiegs fehlt und eine solche niedrige Bezahlung zur wirtschaftlichen Dauersituation eines vollerwerbstätigen Menschen wird, dann entsteht für diesen ebenso wie für die Gesellschaft ein Konflikt. Der Vorrang eigener Leistung bedeutet auf der einen Seite, dass Sozialansprüche nachrangig sind, dass man sich also nicht von der Pflicht, von eigener Leistung zu leben, befreit sehen darf, selbst wenn es höhere Sozialansprüche gäbe. Aber auf der anderen Seite korrespondiert diese

Pflicht natürlich auch mit einem Anspruch des Einzelnen, nämlich Anerkennung für seine Leistung zu erfahren. Das ethische Leistungsprinzip ist eben kein Opferprinzip, im Gegenteil. Es dient dazu, die Selbstentfaltung und die Einbindung des Einzelnen in der Gesellschaft zu ermöglichen; es geht um Emanzipation und Integration zugleich. Nur dann ist auch Solidarität der Gemeinschaft mit dem Hilfsbedürftigen möglich.

Die Zahl derjenigen Menschen, deren Vollzeiterwerbseinkommen über einen längeren Zeitraum als ein Jahr hinweg unterhalb ihrer Sozialansprüche liegen, liegt in Deutschland bei rund 70 000 Personen. Im Vergleich zu den rund 27 Millionen abhängig Beschäftigten hierzulande reden wir also über ein zahlenmäßig durchaus überschaubares Problem und keineswegs über den Regelfall.

Trotzdem ist das Problem ernst zu nehmen. Erstens jedes einzelnen betroffenen Menschen wegen, dem es zu Recht egal ist, wie viele Menschen seine Situation teilen. Zweitens weil es sich um ein sozialethisches Problem handelt, das sich als solches der Quantifizierung ohnehin entzieht.

In der öffentlichen Diskussion wird seit Längerem vorgetragen, dass das Problem gelöst sei, wenn der Gesetzgeber einen allgemeinen gesetzlichen Mindestlohn festlegen würde. Ich halte diese Meinung für falsch. Es mag zwar sein, dass ein gesetzlicher Mindestlohn im Einzelfall von Nutzen sein könnte, indem er einem Arbeitnehmer zu einem Lohn verhilft, der endlich mehr ist als das, was er als Erwerbsloser an staatlichen Transferzahlungen erhalten würde. Es gibt ferner ohne Zweifel Missbrauchsfälle von geringer Entlohnung, in denen Arbeitgeber die schutzlose Position von Arbeitnehmern ausnutzen; und diesen Fällen würde durch einen Mindestlohn sicher ein Riegel vorgeschoben werden.

In der Summe aber wäre der Schaden eines Mindestlohns, mit dem der Staat sich anmaßte, zu wissen und zu bestimmen, was der richtige Lohn ist, erheblich größer als der Nutzen in dem ein oder anderen Einzelfall. Denn viele gering qualifizierte Menschen würden ihre Arbeit oder ihre Arbeitsgelegenheiten verlieren. Das wäre in den sehr vielen Fällen so, in denen die geringe Entlohnung dem Markt entspricht, also das Ergebnis von Angebot und Nachfrage, insbesondere Ausdruck der geringen Produktivität der Leistung und insofern marktgerecht ist. Dann handelt es sich nämlich um einen Lohn, den man als Unternehmen mit den angebotenen Dienstleistungen oder Produkten am Markt erwirtschaften kann. Der Lohn mag sehr niedrig liegen, aber er ist in diesen Fällen alternativlos, das heißt es gibt entweder diese Leistung zu diesem Preis oder es gibt sie nicht. Wenn der Staat dies missachtet, indem er einen höheren, »politisch gerechten«, aber eben nicht marktgerechten Lohn festlegt, und wenn damit die Produktionskosten höher liegen als die Produktivität, wird sich kein Unternehmer finden, der diese Dienstleistungen oder Produkte weiter anbietet. Betroffen wären davon genau diejenigen, die es aufgrund fehlender oder verlorener Qualifikationen ohnehin schwer haben am Arbeitsmarkt, der schon aufgrund des technischen Fortschritts immer weniger Beschäftigungsmöglichkeiten für Geringqualifizierte bietet. Am Ende würden also genau diejenigen durch den Mindestlohn zu Schaden kommen, denen er doch eigentlich helfen sollte. Sie würden eine nicht marktgerechte staatliche Festsetzung dieses Mindestlohns mit persönlicher Arbeitslosigkeit bezahlen müssen.

Der nicht marktgerechte Mindestlohn, der sich für den Einzelnen in Arbeitslosigkeit niederschlägt, hätte darüber hinaus auch eine volkswirtschaftliche Dimension. Am Ende geht es um die Frage, ob es in Deutschland einen Niedriglohnbereich im Dienstleistungssektor geben soll oder nicht. Den industriellen Sektor für beruflich gering qualifizierte Menschen haben wir im Zuge der internationalen Arbeitsteilung bereits eingebüßt. Die Menschen indessen, die vormals dort gearbeitet haben, sind geblieben. Ich glaube, wir brauchen diesen Teil des Arbeitsmarkts, und zwar um der Menschen willen, die dort und nur dort Arbeit finden und nur so die Chance zum Einstieg und Aufstieg erhalten.

Von diesen unmittelbaren Folgen für die einzelnen Betroffenen, den Arbeitsmarkt und die Volkswirtschaft abgesehen, würde die Einführung eines gesetzlichen Mindestlohns noch ein weiteres Grundsatzproblem in die deutsche Politik einführen. Es liegt in der Parteipolitisierung der Lohnfindung. Bislang war Lohnfindung in Deutschland nicht Partei-, sondern Tarifpolitik, ausgestattet mit dem Schutz unserer Verfassung. Ich bin dafür, die Tarifautonomie zu stärken und sie nicht durch staatliche Lohnfestsetzung auszuhöhlen. Wer die Stärkung der Tarifautonomie will, der kann nicht den sicher in jedem Bundestagswahlkampf zu erwartenden Wettlauf der Parteien um das höchste Gebot für den gesetzlichen Mindestlohn wollen.

Die Probleme, zu deren Lösung manche das untaugliche Kampfinstrument des gesetzlichen Mindestlohns einsetzen wollen, können – gerade weil sie zahlenmäßig gering sind – pragmatisch gelöst werden.

Zunächst könnte eine Missbrauchsuntergrenze betragsmäßig festgelegt werden, die eben nicht den Anspruch erhebt, den »richtigen« Lohn zu kennen. Damit wären die ärgerlichsten Fälle erfasst, in denen Arbeitnehmer durch Arbeitgeber sittenwidrig ausgenutzt werden.

Darüber hinaus könnte der bisherige Anspruch auf »Aufstockung« des Gehalts bis zur Höhe der Sozialansprüche in einen von dem System des Arbeitslosengelds getrennten Förderanspruch umgewandelt werden. Dann könnte der Staat diejenigen, die in Vollzeit arbeiten, aber mit ihrem Lohn nicht an das sogenannte Sozialanspruchsniveau heranreichen, anders behandeln als diejenigen, die nicht arbeiten, sondern die Leistungen des Arbeitslosengelds II erhalten. Und zwar besser, denn es soll sich schließlich lohnen zu arbeiten.

Die ethische Dimension im Verhältnis von Leistungs- und Sozialansprüchen spielt indes nicht nur in der Mindestlohndiskussion eine Rolle, also dort, wo es um die staatliche Intervention in den privaten und gesellschaftlichen Bereich geht. Auch der Staat selbst ist mit dieser ethischen Fragestellung direkt konfrontiert: Inwieweit hat er, wenn es um die Ausgestaltung der Solidarsysteme geht, die erbrachte Arbeitsleistung von Menschen in Rechnung zu stellen und ihr damit Anerkennung zu zollen?

Seit den Sozialreformen der rot-grünen Bundesregierung, die als Hartz-Reformen in die Geschichte eingegangen sind, spielt die erbrachte Erwerbsarbeit bei Weitem nicht mehr die Rolle, die man ihr zuvor hat zukommen lassen. Wenn derjenige, der bislang durch Erwerbstätigkeit den Lebensunterhalt für sich und seine Familie bestritten hat, in die Situation gerät, auf die Unterstützung der Solidargemeinschaft angewiesen zu sein, ist die vorherige Arbeitsleistung nur noch einmal und zwar für einen relativ kurzen Zeitraum von Bedeutung: für die Phase nämlich, in der man das durch die Arbeitslosenversicherungsbeiträge finanzierte Arbeitslosengeld I erhält. Wer nach dieser Phase keine neue Beschäftigung gefunden hat, fällt – soweit er oder sie arbeitsfähig ist – unter die Regelungen des Arbeitslosengeldes II, im Volksmund »Hartz IV« genannt. Hier spielt es dann keine Rolle mehr, ob man jemals erwerbstätig war, noch nie für Lohn gearbeitet hat oder als Erwerbstätiger ein Einkommen bezieht, das niedriger ist als der Anspruch nach ALG II. Es spielt genauso wenig eine Rolle, aus welchen Gründen man nicht erwerbstätig ist. Man wird nach den gleichen Regeln behandelt, egal ob man aus mangelnder Qualifikation oder aus fehlender Leistungsbereitschaft heraus arbeitslos ist, oder ob man ohne regelmäßiges Einkommen ist, weil man zu Hause allein ein Kind zu erziehen oder einen Angehörigen zu pflegen hat.

Das System ficht das alles nicht an, denn es kennt nur ein Maß, nach dem es entscheidet: die finanzielle Bedürftigkeit des Einzelnen. Die psychologischen Folgen eines solchen Systems sind fatal – und müssen es sein –, weil die individuellen Lebens- und Leistungsbiografien der betroffenen Menschen schlicht keine Rolle spielen. Mit ihrer Biografie fühlen sich die Menschen selbst zur Bedeutungslosigkeit entwertet. Ich bin davon überzeugt, dass genau dies der Punkt ist, wodurch sich die mangelnde Akzeptanz begründet, auf die die Hartz-Reformen bei großen Teilen der Bevölkerung immer noch stoßen.

Positiv gesprochen, zeigt sich daran, wie sehr das Leistungsprinzip in der Bevölkerung verinnerlicht ist. Weil das so ist, gibt es an dieser Stelle nicht nur Handlungsbedarf, sondern auch Handlungsmöglichkeiten für eine Politik, die sich dem Leistungsprinzip verpflichtet sieht.

Eine solche Politik wird versuchen, Hilfsbedürftigkeit von Erwerbstätigen, die aus bestimmten, klar definierbaren Lebenslagen resultiert, aus dem System von ALG II auszusondern. Darum ist es auch richtig gewesen, den sogenannten Familienzuschlag auszuweiten. Ohne diesen Zuschlag wären die betroffenen Erwerbstätigen nur deshalb neben ihrem Lohn noch auf das Arbeitslosengeld II angewiesen, weil sie Kinder haben. Konsequent ist es deshalb, diesen Zuschlag so auszugestalten und also auszuweiten, dass Erwerbstätige mit Familie komplett außerhalb von Hartz IV anerkannt und finanziell unterstützt werden. Der gleiche Effekt ist mit der Ausweitung des Wohngelds für Erwerbstätige zum Teil bereits erreicht worden und kann durch gezielte Ausweitung ebenfalls vollendet werden.

Das Bedürfnis nach Anerkennung von Leistung ist besonders dann ausgeprägt, wenn es sich um eine Lebensleistung handelt. Die Hartz-IV-Gesetzgebung hat ein Nebeneinander des Rentensystems und der staatlichen Grundsicherung im Alter entwickelt. Auch hier ist es entscheidend, daran festzuhalten, dass die auf Arbeitsleistung beruhende und im Kern durch Beiträge von Arbeitnehmern und Arbeitgebern finanzierte Rentenversicherung vorrangig gegenüber dem staatlichen, durch Steuermittel finanzierten Unterstützungssystem ist. Die Vermischung beider Systeme, wie sie im letzten Jahr Gegenstand einer kontroversen Debatte insbesondere innerhalb der CDU war, wäre unter dem Gesichtspunkt der Anerkennung von Leistung verheerend. Anerkennung von Leistung in der Rente ist Anerkennung von Lebensarbeit und muss es auch bleiben. An keiner anderen Stelle unseres Sozialsystems wird die fundamentale Bedeutung der Beteiligung der Menschen an Arbeit und durch Arbeit für die Aufrechterhaltung von Solidarität in der Gesellschaft so deutlich wie in dem Generationenvertrag der Rentenversicherung. Eine Politik, die den Vorrang für Arbeit verfolgt, ist deshalb zugleich das wichtigste generationenübergreifende Politikprojekt.

Politik, die auf der Anerkennung von individueller Leistung beruht, ist bis hierhin erörtert worden im Hinblick auf extrem hohe Gehälter, auf sehr niedrige Löhne und auf die Bedeutung von Leistung für die Ausgestaltung der Solidarsysteme. Aber eine Politik, die im Ringen um Beteiligungsgerechtigkeit auf das Leistungsprinzip setzt, kann nicht nur für diejenigen gelten, die an den Enden der Lohnskala stehen, sondern sie wird gerade auch von der gesellschaftlichen Mitte eingefordert. Bei aller sozialen Heterogenität dieses größten Bevölkerungsteils handelt es sich bei ihm doch um die Gruppe, welche die Gesellschaft am meisten trägt und stabilisiert. Auch die gesellschaftliche Mitte aber ist von ökonomischen, sozialen und vor allem psychologischen Veränderungen betroffen, die für die Politik von eklatanter Bedeutung sind.

Die wirtschaftlichen Spielräume der gesellschaftlichen Mitte, die sich aus ihrer Arbeit ergeben, sind in den vergangenen Jahren unter dem Strich spürbar gesunken. Das liegt zum einen an den langen Jahren der Rezession und Stagnation bis 2005, die Spuren hinterlassen haben, und zum anderen an der enormen Erhöhung insbesondere der Energiepreise in den Aufschwungjahren seit 2006. Natürlich haben auch die Steuererhöhungen, die in der Großen Koalition beschlossen wurden, dazu beigetragen, dass die Konsumbereitschaft und -fähigkeit der Mittelschichten nachgelassen haben. Letztere waren und sind dennoch richtig gewesen, weil sie zu einer nachhaltigen Konsolidierungspolitik gehören. Wir haben in Deutschland über mehr als eine Generation hinweg über unsere Verhältnisse gelebt und die öffentlichen Haushalte weit über ihre Leistungsfähigkeit hinaus belastet. Das Prinzip der Beteiligungsgerechtigkeit greift auch über die Generationen hinweg: Es ist ungerecht, durch nicht erwirtschafteten Konsum die Leistungsgrundlagen der nächsten Generation zu beeinträchtigen.

Dass mit persönlicher Leistung nicht nur die Einrichtungen des Staats und gesellschaftliche Solidarität finanziert werden, sondern dass sie auch zu eigenen wirtschaftlichen Freiräumen führt, ist eine ebenso grundlegende wie legitime Erwartung der Bürger, die zu missachten den Staat und die Gemeinschaft auf längere Sicht teuer zu stehen kommt. Insbesondere für die Steuerpolitik ist hieraus eine klare Konsequenz zu ziehen: Das Leistungsprinzip muss wieder als der die staatliche Steuererhebung legitimierende und begrenzende Leitgedanke in sein Recht gesetzt werden. Hieraus sind wiederum zwei Ableitungen zu machen. Zum einen muss Steuerpolitik den fiskalischen Irrtum vermeiden, nach dem zuerst die staatlichen Bedürfnisse und dann die zur Ausgabendeckung nötigen Steuern festgesetzt werden. Hierunter fällt ausdrücklich auch die in Deutschland jahrzehntelang angewendete Methode, in einer ersten Phase die neuen Ausgaben durch neue Schulden und dann in einer zweiten Phase durch neue Steuern zu finanzieren. Vielmehr muss gelten, dass das wirtschaftliche Leistungsvermögen der jeweiligen steuerzahlenden Generation unter Einschluss des Anspruchs auf angemessene Freiräume das Ausgabevolumen bestimmt.

Zum anderen muss der Anspruch, Steuern nicht in erster Linie zur Finanzierung von Staatsaufgaben, sondern zur Steuerung des Verhaltens der Bürger einzusetzen, wieder zur Ausnahme werden. Der Staat ist in Gefahr, das Hoheitsinstrument der Steuererhebung zu diskreditieren und sich dadurch allgemein zu delegitimieren, wenn er dieses Mittel einsetzt, um sich gegenüber den Bürgern zum besserwissenden und bevormundenden Pädagogen aufzuschwingen.

Abschließend möchte ich auf eine weitere Konsequenz hinweisen, die das Leistungsprinzip für die Politik konkret mit sich bringt. Es geht um die Generationenperspektive, in der das Leistungsprinzip ebenfalls zu sehen ist. Das Verhalten der gegenwärtigen Generationen ist immer auch daran zu messen, ob es, soweit erkennbar, auch als Lebensweise für die kommenden Generationen geeignet ist. Verhalten, das die Lebensgrundlagen der nächsten Generationen untergräbt, verletzt die den nachfolgenden Menschen gegenüber geschuldete Verantwortung. Aus dem Leistungsprinzip ist darum auch ersichtlich, dass die gegenwärtige Politik der Haushaltskonsolidierung kein Tick von politischen Buchhaltern ist. Konsumtive Verschuldung in den staatlichen Haushalten konterkariert und frustriert die Leistungsmöglichkeit und -bereitschaft in der Zukunft. Sie ist deshalb eine Verletzung des Leistungsprinzips in der Generationenperspektive.

II
Unser Land braucht jeden: Bildung als Schlüssel zu Teilhabe und Teilnahme in der Globalisierung

Ausgehend von der Französischen Revolution hat sich in der gesamten westlichen Welt ein Gesellschaftsverständnis durchgesetzt, demzufolge sich zumindest dem Prinzip nach der soziale Status des Einzelnen nicht mehr durch Geburt definiert. Dieser auf dem Gedanken der Rechtsgleichheit der Individuen fußenden Entwicklung wohnt der grundsätzliche Anspruch inne, dass jeder die Chance zum sozialen Aufstieg und damit zur Überwindung jener Klassen- oder Schichtschranken besitzt, die in der ständischen Gesellschaft als unüberwindbar galten.

Die Spannung zwischen diesem Anspruch und dem Faktum fortdauernder sozialer Ungleichheit zieht sich durch die gesamte sozialpolitische Diskussion des 19. und 20. Jahrhunderts und wirft zugleich eines der wesentlichen Legitimationsprobleme demokratischer Staaten auf. Es ist bekannt, dass sich im Verlauf der historischen Entwicklung zwei unterschiedliche Ansätze entwickelt haben, mit denen demokratische Staaten dieser fundamentalen Herausforderung begegnet sind.

Zum einen ist dies der eher an der Verwirklichung individueller Lebenschancen orientierte amerikanische Gesellschaftsentwurf, der das Aufstiegsversprechen ernst zu nehmen versucht und in der Form des »American dream« idealisiert. Ungleichheit soll in diesem System erträglich werden, weil jeder prinzipiell die Chance besitzt, sich durch eigene Anstrengung in jene gesellschaftlichen Gruppen emporzuarbeiten, die über weit überdurchschnittlichen Besitz verfügen.

Zum anderen ist dies der sicherheitsorientierte kontinentaleuropäische Gesellschaftsentwurf, der das Versprechen sozialer Gleichheit ernst zu nehmen versucht und die »nivellierte Mittelstandsgesellschaft« idealisiert. Nicht vorhandene oder nicht wahrgenommene Aufstiegschancen sollen hier durch eine möglichst breite Verteilung von Besitz und Vermögen erträglich gemacht werden.

Beide Ansätze haben zum Teil durch ihre faktische Wirkung, zum Teil aber auch aufgrund der Wirkung ihrer Fiktion erheblich zur Stabilität ihrer jeweiligen politischen Systeme und Ordnungen beigetragen. Tatsächlich nämlich ist die amerikanische Gesellschaft weniger durchlässig und sind die kontinentaleuropäischen Gesellschaften weniger nivelliert, als die entsprechenden politischen Versprechen glauben machten – und dennoch waren diese Versprechen lange überzeugend genug, um ihren politischen Ordnungen ein festes Fundament zu bieten.

Unter der Wucht der Globalisierung gerät vor allem das kontinentaleuropäische und darunter besonders das deutsche Versprechen möglichst breiter sozialer Gleichheit fundamental unter Druck. Lange war dieses Versprechen durch einen bis tief in die Industriearbeiterschaft reichenden Qualifikationsvorsprung und gleichzeitig ausreichende budgetäre Möglichkeiten zur wohlfahrtsstaatlichen Umverteilung gedeckt. Die Qualifikationsfortschritte der großen asiatischen Volkswirtschaften und die Entwertung von bislang in Deutschland erbrachten Arbeitsleistungen, die günstiger im Ausland oder durch Maschinen erledigt werden können, haben längst auch hier zu einer stärkeren Spreizung bei Einkommen und Vermögen geführt.

Lange haben wir das Aufgehen der Schere durch Umverteilung weitestgehend verschleiern können. Aber mit voller Berechtigung ist zu fragen, wie lange uns das angesichts der rasanten Entwicklung in anderen Ländern und der knapper werdenden Mittel noch möglich sein wird. Und weiter ließe sich fragen, ob uns die Globalisierung mit der schmerzhaften Erkenntnis konfrontieren wird, dass die in der Bundesrepublik der Nachkriegszeit mögliche Wohlstandsnivellierung eher der historische Ausnahmefall als der Normalfall war. Viel spricht jedenfalls dafür, dass wir uns auf eine ungleicher werdende Gesellschaft einzustellen haben. Das freilich ist eine Entwicklung, von der nicht nur Geringqualifizierte, sondern zunehmend auch Angehörige der Mittelschichten betroffen sein könnten, die das eigentliche Rückgrat des politischen Systems und bürgerschaftlichen Engagements in Deutschland darstellen. Das wird dann nicht nur eine »neue soziale Frage«, sondern damit auch die Frage nach der Stabilität des politischen Systems aufwerfen. Dass einige diese Systemfrage bereits stellen, zeigt sich am Erstarken der Linkspartei und an der Tatsache, dass diese populistische Protestpartei bei den Wählern aller anderen Parteien Anhänger zu rekrutieren vermag.

Die Entwicklung birgt also sozialen und politischen Sprengstoff. Wie gehen wir mit der drohenden Stabilitätsgefährdung durch zunehmende Ungleichheit und den »middle class squeeze« um? Eines scheint mir festzustehen: Das Konzept, durch Umverteilung Gleichheit zu erzeugen, ist an seine Grenzen gestoßen. Es ist der Dynamik der Globalisierung nicht gewachsen und daher, wie dargelegt, selbst zur Stabilitätsgefahr geworden, weil es zur Überforderung und Frustration der Mittelschichten führt. Es kann also nur darum gehen, über die Rahmenbedingungen nachzudenken, in denen individuelle Chancen zur Entfaltung kommen, sozialer Aufstieg ermöglicht und Abstieg verhindert wird. Wie das amerikanische Gesellschaftssystem, in dem sich Eliten zunehmend abschotten und so die Verheißungskraft des »amerikanischen Traums« untergraben, vielleicht europäischer werden muss, so werden wir – zumindest was die Ermöglichung sozialer Mobilität anbelangt – in unserem Gesellschaftsentwurf »amerikanischer« werden müssen. Nur so werden sich auch unter den Bedingungen der Globalisierung »Teilnahme« sowie »Teilhabe« möglichst vieler Menschen verwirklichen lassen.

Es hat sich zwar inzwischen herumgesprochen, dass der zentrale Schlüssel für ein glaubhaftes Aufstiegs- und Teilhabeversprechen im Bildungssystem steckt. Doch die Erkenntnis ist leider noch nicht Politik geworden. Darum bleibt diese Forderung akut: Eine Politik, die Globalisierung mit einem Gestaltungsanspruch annimmt, muss ein konsistentes bildungspolitisches Programm entwickeln, das Antworten auf die wichtigsten durch die Globalisierung hervorgerufenen oder verschärften Herausforderungen gibt. Ich sehe hier vor allem drei Herausforderungen.

Zunächst gilt es, den bereits in der PISA-Studie und nachfolgend in zahlreichen weiteren Untersuchungen herausgestellten engen Zusammenhang zwischen familiärer Herkunft und Bildungserfolg, der in Deutschland ausgeprägter als in jedem anderen OECD-Land ist, zu durchbrechen. Das heißt konkret, dass Wege zu finden sind, die auch den Kindern und Jugendlichen aus sozial schwachen Schichten eine Perspektive zur Entfaltung ihrer Talente bieten und ihnen so eine individuell und gesellschaftlich belastende Existenz als Empfänger von Sozialtransfers ersparen.

Ferner werden wir auch für die, die sich bereits im Arbeitsprozess befinden, bessere Möglichkeiten schaffen müssen, ihre Potenziale weiterzuentwickeln und sich damit gegen möglichen sozialen Abstieg zu schützen.

Und schließlich sind wir angesichts der zunehmenden internationalen Konkurrenz dazu aufgefordert, Rahmenbedingungen zu sichern, in denen sich auch künftig Exzellenz- und Innovationsvorsprünge realisieren lassen, die unsere Position im globalen Wettbewerb stärken und zu gesamtgesellschaftlichen Wohlfahrtsgewinnen führen.

1. Talente erschließen

Lange Zeit konnte man den Eindruck gewinnen, dass sich Bildungspolitik in Deutschland im Wesentlichen auf einen ideologisch aufgeheizten Konflikt über Schulformen konzentriert und sich ansonsten in Millimeterkompromissen erschöpft, die in ermüdenden und mühsamen Auseinandersetzungen der Kultusministerkonferenz abzuringen sind.

Viele haben das in dem sicheren Gefühl international nach wie vor überlegener Leistungsfähigkeit ertragen. Auch wenn mancher Experte es immer schon anders und besser gewusst hat, trafen die Ergebnisse der ersten PISA-Untersuchung die interessierte Öffentlichkeit deshalb wie ein Schock – zumal diese und nachfolgende Untersuchungen dem deutschen Bildungssystem insgesamt nicht nur Mittelmäßigkeit bescheinigten, sondern auch die Gerechtigkeitserwartungen, die mit einem besonders egalitär angelegten System verbunden waren, frustrieren mussten.

Dass gerade ein Bildungssystem, das bis dahin weder Studiengebühren noch hohe Schulgelder kannte, zu einer ausgeprägteren Vererbung von Bildungschancen als in jedem anderen OECD-Land geführt hatte, entlarvte die Brüchigkeit des Nivellierungsgedankens. Plötzlich wurden auch andere Zahlen zum Allgemeingut der politischen Diskussion: die Tatsache, dass fast zehn Prozent aller Schüler die Schule jedes Jahr ohne einen Abschluss verlassen, die Feststellung, dass über 50 Prozent der 20- bis 24-jährigen Deutschen mit Migrationshintergrund über keinen berufsqualifizierenden Abschluss verfügen, oder der Befund, dass Kinder, die einkommensstarken Schichten zuzurechnen sind, bei gleichem Leistungsstand 2,5-mal häufiger eine Gymnasialempfehlung erhalten als Kinder, die einkommensschwachen Schichten entstammen.

Es gehört wohl zu den Eigenarten der bildungspolitischen Diskussion in Deutschland, dass solche Ergebnisse zunächst zu den üblichen Reflexen der in den alten Schützengräben ausharrenden Veteranen dieser Auseinandersetzung führten. Und so setzte wieder einmal eine Diskussion über Sinn und Unsinn des dreigliedrigen Schulsystems ein – ungeachtet der Tatsache, dass zu den Ländern mit besonders guten PISA-Ergebnissen sowohl Länder mit einem Einheitsschulsystem wie Finnland als auch Länder mit einem mehrgliedrigen Schulsystem wie Singapur gehören. Es zählt zu den positiven Entwicklungen, dass die Schlüsselrolle guter Bildung und sie ermöglichender Bildungspolitik angesichts der oben beschrie-

benen Entwicklungen gesamtgesellschaftliches Allgemeingut geworden ist und damit längst nicht nur die
betroffenen Eltern umtreibt, sondern auch Politiker fast
aller Parteien. Gleichwohl sind die gebotenen Konsequenzen in der Politik noch nicht umfassend gezogen.

Wer in einer solchen Diskussionslage in die alten
Konfliktmuster zurückfällt oder seine Aufgabe vor allem
darin sieht, die Zuständigkeiten bundesstaatlicher Kom-
petenzebenen gegeneinander abzugrenzen, verkennt,
mit welcher Sorge und Unsicherheit Eltern angesichts
eines vage wahrgenommenen Globalisierungsdrucks
und des offenkundig unzureichenden Zustands unseres
öffentlichen Bildungssystems über die Zukunft ihrer Kinder nachdenken. Eine von der Konrad-Adenauer-Stiftung beim Sinus-Institut in Auftrag gegebene Studie
zeigt, dass diese Sorge bis tief in die unteren Mittelschichten hinein vordringliche Bedeutung erlangt hat. Längst
ist dort die für die Nachkriegsgeschichte der Bundesrepublik prägende Hoffnung, dass es den Kindern einmal besser gehen möge, der Sorge gewichen, dass es den Kindern
schlechter gehen könnte.

Verschärft wird die elterliche Sorge durch das Gefühl,
angesichts des Wettbewerbs- und Flexibilisierungsdrucks
moderner Arbeitsverhältnisse familiär nicht ausreichend
kompensieren zu können, was das öffentliche System
nicht mehr zu gewährleisten scheint. Dazu tritt die von
Statusfatalismus bis hin zur Sorglosigkeit reichende Haltung jener Schichten, deren gefühlte Perspektivlosigkeit
durch das Attribut »bildungsfern« nur ungenügend wie-
dergegeben wird. Denn oft genug ist Bildung hier nicht
nur fern, sondern in ihrer Bedeutung für mögliche Entwicklungschancen der Kinder schlicht nicht erkannt.

Das entscheidende Motiv, eine solche Ausgangslage

nicht hinzunehmen und auch nicht nur mit den Reflexen der Vergangenheit darauf zu reagieren, liegt in unserem Bild vom Menschen begründet: Wenn für uns jeder Mensch mit unverfügbarer Würde und Personalität ausgestattet ist, kann es uns nicht gleichgültig sein, ob die in ihm angelegten Möglichkeiten zur Entfaltung gebracht werden oder nicht. Natürlich ist der Ort, an dem dies vor allem und zuerst geschieht, die Familie. Die Liebe und Zuneigung, die der heranwachsende Mensch dort erfährt, um zu einer eigenständigen Person zu werden, ist genuin und durch kein staatliches System ersetzbar.

Aber unabhängig davon hat das öffentliche Bildungssystem seinen Beitrag zu leisten, die Potenziale eines jeden Menschen zu entfalten. Bei der Verwirklichung einer so verstandenen Chancengerechtigkeit geht es nicht darum, jedes Kind zu einem Studium zu führen und die Entwicklung mit einer Tätigkeit als Wissenschaftler oder Unternehmensführer zu krönen. Es geht schlicht darum zu verhindern, dass ein Kind unter seinen Möglichkeiten bleibt, und dafür zu sorgen, dass es seine je eigenen Stärken entfalten kann, um auf diese Weise die Grundlage für ein glückliches Leben zu legen.

Natürlich werden wir es uns auch volkswirtschaftlich – angesichts der international wachsenden Nachfrage nach qualifizierten Arbeitskräften und der demografischen Entwicklung, mit der unsere Gesellschaft konfrontiert ist – nicht leisten können, vorhandene Talente brachliegen zu lassen. Das betrifft gerade auch die vielen jungen Menschen mit Migrationshintergrund, die in unseren Großstädten in ihren jeweiligen Alterskohorten oft schon die Mehrheit stellen.

Aber noch einmal: Es geht mir nicht um eine Ökonomisierung der Bildung, sondern um Bildung, die den jungen Menschen dabei unterstützt, zu sich selbst zu kommen und seine Potenziale eigenständig zu entwickeln.

Um die in unserer Gesellschaft vorhandenen Talente zu erschließen und die Vererbung von Bildungschancen zu durchbrechen, halte ich einen fünffachen Paradigmenwechsel für unbedingt notwendig.

Erstens müssen wir – wie der renommierte Bildungsforscher Wassilios Fthenakis herausgearbeitet hat – konsistente Bildungsverläufe organisieren, die von einem pädagogischen Gesamtkonzept getragen werden. Lange Zeit waren insbesondere frühkindliche und schulische Bildung scharf voneinander getrennt und durch unterschiedliche Bildungsprozesse geprägt. Das hat nicht nur die Übergangssituation von einer »spielorientierten« in eine »lernorientierte« Umgebung erschwert, sondern auch dazu geführt, dass die pädagogische Arbeit in Kindergärten oder Kindertagesstätten nicht auf die Schule hin orientiert war und diese wiederum kaum auf den pädagogischen Vorleistungen dieser Einrichtungen aufbaute. Auch die Verkopplung zwischen Schule und beruflicher Ausbildung ist oftmals kaum gegeben, obwohl beispielsweise das Hamburger Hauptschulmodell zeigt, dass eine vernünftige Verzahnung von Schule, Betrieben und Arbeitsagentur auch Schülern Perspektiven bietet, denen man der Papierform nach keine Chancen auf eine Lehrstelle einräumen würde.

Spätestens mit der Erkenntnis, welch gravierenden Nachteil die mangelnden Deutschkenntnisse von Kindern aus Zuwandererfamilien für den Verlauf der weiteren Bildungskarriere darstellen, hat die frühkindliche Bildung neue Aufmerksamkeit erfahren. Entscheidend ist in diesem Zusammenhang nicht, dass die Ausbildung von Erziehern und Erzieherinnen akademisiert wird –

aber zumindest muss sie sich an einem konsistenten, auch für die Schule gültigen pädagogischen Ansatz orientieren und insbesondere ganz praktisch der Vermittlung von Deutsch als Fremdsprache einen zentralen Stellenwert einräumen. Das stellt nicht nur Anforderungen an die künftige Ausbildung, sondern muss heute schon in einem schlüssigen und umfassenden Weiterbildungsansatz für die an Kindergärten tätigen Erzieherinnen und Erzieher umgesetzt werden.

Aus der Forderung konsistenter Bildungsverläufe ergibt sich des Weiteren die Folgerung, den jeweiligen Übergängen größere Beachtung zu schenken: sowohl an den Schwellen zwischen Elementar-, Primär- und Sekundarschule als auch zwischen den unterschiedlichen Formen weiterbildender Schulen oder an der Nahtstelle zwischen Schule und Berufsausbildung. Natürlich wäre es wünschenswert, über die notwendigen finanziellen Ressourcen zu verfügen, um über die gesamte Bildungskarriere hinweg eine stärkere individuelle Förderung vornehmen zu können, gegebenenfalls sogar mit permanenter Unterstützung von Schulpsychologen und Sozialarbeitern. Selbst bei bestem Willen dürfte ein solcher Ressourceneinsatz jedoch illusionär sein. Darum sollten wir uns darauf konzentrieren, eine stärkere individuelle Förderung auf die für die weitere Entwicklung entscheidenden Weichenstellungen zu konzentrieren. Das sind eben jene Übergänge, an denen sich oft entscheidet, ob ein Kind den Anschluss hält oder diesen – oft mit weitreichenden Folgen – verliert.

Zweitens muss die notwendigerweise gewachsene Bedeutung, die gerade die Elementar-, aber auch die Primärbildung als integraler Bestandteil eines konsistenten Bildungsverlaufs erhält, zu einer Neuausrichtung der Bildungsfinanzierung führen. Selbst wenn wir von der gebotenen gesamtstaatlichen Erhöhung der für Bildung zur Verfügung stehenden Mittel ausgehen, werden wir zu einer stärkeren Konzentration der Finanzmittel im Elementarbereich und an den jeweiligen Übergängen im Bildungssystem kommen müssen und im tertiären Bildungssektor, also im Hochschulbereich, in umfangreicherem Maße eine Gebührenfinanzierung ins Auge fassen müssen.

Während im Elementarbereich und an den Übergängen bislang die mit hohen gesellschaftlichen Folgekosten versehenen »Sozialhilfe-« oder »Hartz-IV-Karrieren« nicht ausreichend verhindert worden sind, bietet das Hochschulstudium in Deutschland nach wie vor die besten Aussichten auf überdurchschnittlich hohe Einkommen. Eine solche Neujustierung der Bildungsausgaben ist also zumindest dann zu rechtfertigen, wenn sie zum einen durch den Ausbau des Stipendienwesens und zum anderen durch die staatliche Unterstützung beim Aufbau individueller Bildungsfonds ergänzt wird.

Nachdem die New America Foundation diese Debatte mit dem Vorschlag eines »Every Baby a Trust Fund Baby« belebt hat, gibt es inzwischen auch für Deutschland interessante Überlegungen. In die richtige Richtung weist ein Vorschlag des Bundes Katholischer Unternehmer, der vorsieht, dass der Bund für jeden Jugendlichen den Aufbau eines Bildungsvermögens fördert. Bis zu einer Obergrenze von 1200 Euro im Jahr soll jeder auf ein gesondertes Bildungskonto eingezahlte Euro vom Bund um zehn Cent aufgestockt werden. Gleichzeitig sollen Einzahlungen auf ein solches Bildungskonto bis zu einer Obergrenze von 1200 Euro im Jahr steuerlich als Sonderausgaben absetzbar sein. Bei voller Sparleistung und einer nominalen Verzinsung von vier Prozent ergäbe sich damit bis zum 18. Lebensjahr ein Bildungsvermögen von etwas über 35 000 Euro. Dieser staatlich geförderte Sparbetrag soll nur für Aus- und Weiterbildungszwecke verwendet werden oder – sofern er bis zum Rentenalter nicht verwendet wird – der Altersvorsorge dienen.

Drittens sollte Bildungspolitik stärker über verbindliche Zielvorgaben als über den Versuch wirken, Institutionen, Prozesse und Curricula bis ins Detail vorzugeben und zu harmonisieren. Mit den Bildungsstandards der Kultusministerkonferenz oder den Zielvorgaben, wie sie beispielsweise im Hessischen Bildungsplan verankert worden sind, ist diesem Grundgedanken bereits Rechnung getragen worden.

Eine stärker über Zielvorgaben und deren Überprüfung steuernde Bildungspolitik würde größere institutionelle Vielfalt und damit einhergehend eine stärkere Profilbildung ermöglichen. Eine solche Rolle des Staats im Bildungssystem würde den eigentlichen Bildungsträgern größere Freiheit und Selbstständigkeit gewähren und sie damit in einen qualitätssteigernden Wettbewerb führen. Umfasst diese Selbstständigkeit auch Personalauswahl und -entwicklung sowie die Verantwortung für ein Globalbudget, gehört zu einem solchen Konzept, die Leiter von Bildungsinstitutionen – egal, ob es sich um Kindergärten oder Schulen handelt – sehr viel besser, als dies heute der Fall ist, auf ihre Führungsaufgaben vorzubereiten.

Viertens müssen wir endlich damit aufhören, Erzieher und Lehrer als entweder bemitleidens- und bedauernswerte oder aber gering zu schätzende und verächtlich zu machende soziale Randgruppe zu betrachten. Die Vermittlung von Bildung, die Persönlichkeitsentfaltung und gesellschaftliche Zukunftsfähigkeit ermöglicht, ist eine der zentralen Aufgaben unserer Gesellschaft. Und im Zentrum dieser Aufgabe wiederum stehen die häufig genug alleingelassenen Lehrerinnen und Lehrer. Die Bedeutung des gesellschaftlichen Respekts gegenüber den Lehrern darf nicht unterschätzt werden. Nach meiner Einschätzung steht der Erfolg des finnischen Schulsystems in einem wechselseitigen Zusammenhang mit dem hohen Sozialprestige, das Lehrer in Finnland genießen. Mit einem Appell indessen, den Lehrern den nötigen Respekt entgegenzubringen, ist es sicher nicht getan.

Entscheidend ist vielmehr, die Lehreraus- und -weiterbildung so zu reformieren, dass Lehrer den veränderten und gewachsenen Ansprüchen, mit denen sie konfrontiert werden, auch gerecht zu werden vermögen. Zu einer solchen in einzelnen Bundesländern bereits angestrebten Reform gehören ein stärkerer Praxisbezug der akademischen Erstausbildung, eine bessere Verzahnung des Studiums mit der Berufseinübungsphase und vor allem ein modulares Studienangebot, das eine fortlaufende akademische Weiterbildung über den gesamten Karriereverlauf hinaus ermöglicht.

Um dies an einem Beispiel zu verdeutlichen: Ein Politik- oder Sozialkundelehrer, der sein Studium in den 1970er-Jahren absolviert hat, muss nicht nur die Gelegenheit haben, sein pädagogisches und didaktisches Wissen fortlaufend und praxisorientiert zu erneuern, sondern sollte auch die Möglichkeit haben, seine fachlichen Kenntnisse, etwa in einem berufsbegleitenden Zusatzstudium, zu erweitern. Es geht nicht immer um neue Schulfächer, sondern um die Verankerung neuer Erkenntnisse in vorhandenen Schulfächern.

Herumgesprochen hat sich inzwischen, dass den

Schülern heute eher dürftige und jedenfalls angesichts der Bedeutung dieser Disziplin völlig unzureichende ökonomische Kenntnisse vermittelt werden. Ich halte es für dringend geboten, dieses Defizit zu beheben. Auch dazu muss kein neues Schulfach »Wirtschaft« geschaffen werden. Aber Sozialkundelehrer sollten die Möglichkeit haben, sich durch akademische Weiterbildung in die Lage zu versetzen, ihren Schülerinnen und Schülern etwas mehr von den Komplexitäten einer global agierenden Wirtschafts- und Finanzwelt zu vermitteln.

Fünftens muss eine Bildungspolitik, die auch den von gesellschaftlichem Ausschluss bedrohten Kindern und Jugendlichen neue Chancen und Perspektiven eröffnet, sehr viel stärker, als das bislang der Fall ist, »mit den Eltern rechnen«. Ich denke dabei weniger an die vor staatlichen Eingriffen geschützte Erziehung in der Familie und auch nicht an die Mitwirkung von Eltern in Beiräten und Fördervereinen.

Mir geht es hier darum, das Bildungssystem so zu organisieren, dass es der entscheidenden Rolle, die Eltern gerade für die maßgeblichen Weichenstellungen in der Bildungskarriere ihrer Kinder zukommt, gerecht wird. Wir sollten uns nichts vormachen: Ein stärkerer pädagogischer Bezug der Kindergärten auf die Schule, die bessere individuelle Förderung an den Übergängen im Rahmen des Bildungsverlaufs oder die Unterstützung eines Bildungssparens bleiben dann ergebnislos, wenn alle diese staatlichen Bemühungen an den Eltern vorbeigehen.

Es steht außer Frage, dass die verfassungsrechtlich gesicherte Autonomie der Eltern angesichts der dem Staat vorausliegenden Bedeutung der Familie für den Zusammenhalt unseres Gemeinwesens einen enorm hohen Stellenwert besitzt. Es kann also kein vernünftiges politisches Ziel sein, diese Autonomie auszuhöhlen und durch staatliche Bevormundung zu ersetzen. Gleichzeitig sehen wir jedoch, dass es oft genug Eltern aus sozial schwachen Schichten sind, die sich den ihnen gemachten Bildungsangeboten für ihre Kinder entziehen. So sind Kinder mit Migrationshintergrund im letzten Kindergartenjahr zwar fast ebenso häufig vertreten wie Kinder ohne einen entsprechenden Hintergrund. Signifikante Unterschiede ergeben sich jedoch, wenn wir unseren Blick auf das erste Kindergartenjahr richten. Hier sind Kinder mit Migrationshintergrund deutlich schwächer vertreten. Dabei wäre gerade für diese Kinder eine möglichst früh einsetzende Sprachförderung von größter Bedeutung. Die Forderung, das letzte Kindergartenjahr beitragsfrei zu gestalten, greift hier viel zu kurz.

Um die Vorbehalte, Informationslücken und auch die Gleichgültigkeit zu überwinden, die für die Entscheidung oder oft eben die Nicht-Entscheidung der Eltern leitend sind, müssen die Bildungseinrichtungen in sehr viel engerem Verbund mit der Kinder- und Jugendhilfe den Dialog mit den Eltern suchen, um diese bei den für ihre Kinder wichtigen Entscheidungen zu unterstützen. Dazu werden sozialpädagogisch geschulte »Verbindungsmitarbeiter« benötigt, die im günstigsten Fall über den gleichen ethnisch-kulturellen Hintergrund verfügen wie die von ihnen angesprochenen Eltern und auf diese Weise Vertrauen schaffen können. Als ultima ratio ist sogar an die Einführung von Verpflichtungen, zum Beispiel ein verpflichtendes Betreuungs- und Bildungsangebot für Kinder von drei bis sechs Jahren, zu denken. Solche Verpflichtungsprogramme könnten Eltern, die sich bewusst dagegen entscheiden und vorher ein Beratungsgespräch geführt haben, eine Ausstiegsklausel einräumen. Mit dieser Ausstiegsklausel würde die elterliche Autonomie gewahrt. Gleichzeitig würde ein solches System elterlicher Gleichgültigkeit oder Bequemlichkeit, die auf Kosten ihrer Kinder geht, wirksam entgegentreten. Ein verpflichtendes Konzept mit Ausstiegsklausel würde die Aufwandslast umkehren, ohne die Freiheit der Eltern anzutasten, bewusst eine andere Entscheidung zu treffen.

Der hier vorgeschlagene Paradigmenwechsel ist – das ist erfreulich angesichts einer jahrzehntelang mit ideologischem Ballast befrachteten bildungspolitischen Diskussion – zum Teil schon in vollem Gange. Aber es sind deutlich größere Anstrengungen erforderlich, um für jeden Einzelnen eine in Zeiten verbreiteter Ohnmachtgefühle ermutigende Aufstiegsperspektive zu eröffnen.

2. Beschäftigungsfähigkeit sichern

Die Sorgen, die sich mit der Chiffre »Globalisierung« verbinden, betreffen aber längst nicht nur Eltern, Kinder und Jugendliche. Und auch wenn es richtig und parteipolitisch weitgehend unumstritten ist, dass Bildungspolitik aufgrund ihrer vorbeugenden Wirkung die beste Sozialpolitik ist, bleiben die Ängste all jener, die heute mitten im Berufsleben stehen. Die verbreitete Sorge vor internationaler Konkurrenz und Rationalisierung hat in diesem Teil der Bevölkerung längst nicht nur die am stärksten von Arbeitslosigkeit bedrohte Gruppe der Geringqualifizierten erfasst, sondern inzwischen auch Angehörige der Dienstleistungsberufe erreicht, die – auch wenn sie vielleicht nicht den Arbeitsplatzverlust fürchten – zumindest Einkommens- und Statuseinbußen befürchten.

Obschon die Bedeutung »lebenslangen Lernens« zu den Grundformeln politischer Rhetorik in unserem Land zählt, ist die Beteiligung an Weiterbildungsprogrammen im internationalen Vergleich immer noch unterdurchschnittlich. Das gilt insbesondere für Arbeitnehmer mit geringer Qualifizierung. Im allgemeinen Verständnis ist Bildung vielfach noch ein Begriff, der ganz überwiegend auf das erste Lebensdrittel bezogen wird. Dieser Befund ist umso erstaunlicher, als angesichts der mit der Globalisierung einhergehenden Beschleunigung unseres Wirtschafts- und Arbeitslebens Qualifikationen und Kenntnisse sehr viel rascher veralten, als dies früher der Fall war. Und gleichzeitig nutzen Arbeitnehmer, die in einstigen Entwicklungsländern tätig sind, den Nachholeffekt und eignen sich Kenntnisse und Fertigkeiten an, die früher ausschließlich in den entwickelten Industrienationen anzutreffen waren. Zur Überraschung mancher Beobachter haben diese Menschen den Begriff der »Entwicklung« ernst genommen und entpuppen sich nun als Konkurrenz auf dem internationalen Arbeitsmarkt. Noch verfügt nur ein Bruchteil der Heerscharen von Ingenieuren, die in China jedes Jahr ausgebildet werden, über das Qualifikationsniveau eines deutschen Diplom-Ingenieurs. Wie lange das aber noch so sein wird, ist nicht ausgemacht – vor allem lässt sich das für Programmierer oder technische Zeichner in Indien schon heute nicht mehr mit der gleichen Sicherheit sagen.

Die kontinuierliche Investition in Bildung und Qualifikation deutscher Arbeitnehmer wird damit zu einer der zentralen Herausforderungen des betrieblichen und öffentlichen Bildungswesens – zumal wir wissen, dass die gestiegene Aufnahmefähigkeit und kognitive Leistungsfähigkeit längst bis ins siebte Lebensjahrzehnt hinein Weiterbildung ermöglicht. Für Weiterbildung ist niemand »zu alt«. Der schon heute schmerzlich spürbare Fachkräftemangel wird auch Unternehmen in der Erkenntnis beflügeln, dass die Qualifizierung eigener Mitarbeiter der beste Weg ist, diesem Mangel auf nachhaltige Weise zu begegnen.

Im Weiterbildungsbereich kommt es darauf an, eine Kultur der »zweiten Chance« zu etablieren. Jeder Arbeitnehmer soll danach die Möglichkeit erhalten, im Berufsleben einen höheren Abschluss zu erwerben, als er beim Eintritt ins Berufsleben vorweisen konnte. Der Ungelernte muss die Möglichkeit erhalten, einen Ausbildungsabschluss nachzuholen, der Geselle soll einen Meisterbrief und der Meister ein Fachhochschuldiplom erwerben können. Das setzt nicht nur eine größere Durchlässigkeit zwischen den einzelnen Bildungsbereichen sowie Finanzierungsinstrumente wie Meister-BAFöG und Aufstiegsstipendien voraus, sondern erfordert auch entsprechende Angebote – gerade für Unternehmen kleiner und mittlerer Größe. Das Problem ist indessen, dass kaum ein Unternehmen dieser Größe ohne Weiteres für den Zeitraum einer längeren Weiterbildung – etwa im Rahmen eines Fachhochschulstudiums – auf einen Mitarbeiter wird verzichten können. Und es wird in der Regel kleinen und mittleren Unternehmen nicht möglich sein, etwa mit einer Fachhochschule ein auf das Unternehmen zugeschnittenes Weiterbildungsprogramm zu vereinbaren, wie das bei Großunternehmen heute schon üblich ist. Gleichzeitig wird ein Mitarbeiter, der bereits eine Familie gegründet hat und vielleicht sogar noch eine Immobilie finanziert, zweimal darüber nachdenken, ob er für einen Zeitraum von einigen Jahren seine familiäre Existenz mit einem Stipendium zu sichern in der Lage ist.

Darum ist es entscheidend, auf allen Ebenen der Weiterbildung berufsbegleitende Angebote zu entwickeln, die zwar besondere Anstrengungen, Fleiß und Disziplin erfordern, aber zugleich eine verlässliche finanzielle Absicherung bieten.

Gerade im Hochschulbereich sind hierzu modulare Studiengänge erforderlich, wie es sie für den Bereich der Management-Ausbildung schon lange gibt. Insgesamt wird für den Zugang zur Weiterbildung – sei es für den Meisterbrief oder ein Studium – das individuelle Leistungs- und Persönlichkeitsprofil wichtiger sein als ein in der Schule oder bei einer Kammer erworbenes Berechtigungszertifikat.

Das setzt allerdings nicht nur eine größere Durchlässigkeit der Bildungsinstitutionen, sondern notwendigerweise die Autonomie der Weiterbildungsträger bei der Bewerberauswahl voraus. Auch hier bieten sich im dann einsetzenden Wettbewerb für diese Institutionen erhebliche Profilierungspotenziale, die insgesamt zu einer Leistungssteigerung führen dürften. Ohne finanzielle Unterstützung der öffentlichen Hand wird sich eine Kultur der zweiten Chance nicht verwirklichen lassen. Dabei ist es jedoch nicht so, dass die Politik zu wählen hätte, ob sie finanzielle Mittel einsetzt oder nicht. Die praktische politische Frage lautet nur, wofür Geld ausgegeben wird. Ich halte es allemal für sinnvoller, zum Beispiel im Hinblick auf gering qualifizierte Menschen befristet in Qualifikation und Weiterbildung zu investieren, als unbefristet Arbeitslosigkeit und Außenseitertum zu alimentieren. Und sicher ist es auch vernünftiger, die innerbetriebliche Weiterbildung eines Fließbandarbeiters in einer Automobilfabrik zum Lackierer zu fördern, als ihm nach Verlust des Arbeitsplatzes eine Umschulung zum Floristen zu finanzieren.

Da die Investition in Weiterbildung prinzipiell eine Investition in Beschäftigungsfähigkeit darstellt und damit das Risiko der Arbeitslosigkeit reduziert wird, wäre zumindest zu prüfen, ob nachgewiesene Weiterbildung nicht auch zu einer Senkung der Beiträge zur Arbeitslosenversicherung führen kann. Damit würde für Arbeitnehmer wie Arbeitgeber ein zusätzlicher und zugleich mit dem Versicherungsprinzip kompatibler Anreiz für Weiterbildungsmaßnahmen geschaffen.

Die Gestaltung öffentlicher Weiterbildungsangebote und entsprechender finanzieller Unterstützung ist gerade für den Hochschulbereich von großer Bedeutung. Dennoch bin ich überzeugt, dass die entscheidenden Impulse in diesem Bereich von den Unternehmen selbst ausgehen werden; kein Betrieb wird es sich künftig mehr leisten können, einen 55-jährigen Mitarbeiter mit all seiner im Berufsleben erworbenen Erfahrung als zu alt zu betrachten. Das ist – erfreulicherweise – Vergangenheit.

3. Exzellenz ermöglichen

Das oben vorgetragene Plädoyer für eine stärkere Durchlässigkeit der Bildungsinstitutionen sollte nicht als eine Unterstützung der Nivellierung der unterschiedlichen Bildungsangebote missverstanden werden. Kaum eine Erkenntnis hat eine so durchdringende Verbreitung gefunden wie die Feststellung, dass das größte Kapital eines rohstoffarmen Landes wie Deutschland in den Köpfen seiner Bürgerinnen und Bürger steckt und dass wir um mindestens so viel besser sein müssen, wie wir im internationalen Vergleich teurer sind. Sich eine solche Sichtweise zu eigen machen heißt, nicht zu leugnen, dass es auch andere wichtige Rahmenbedingungen gibt, die Deutschland wirtschaftlich attraktiv machen: eine gut ausgebaute Infrastruktur, ein stabiles politisches System und eine verlässliche Rechtsordnung sind immer noch Vorteile, über die viele der aufstrebenden Länder nicht in gleichem Maße verfügen.

Und doch ist es richtig, dass wir in einer von globaler Konkurrenz geprägten Wirtschaft nicht als Nachahmer, sondern nur als Ideengeber und Erfinder, also durch einen Innovations- und Exzellenzvorsprung in Wissenschaft und Technik die Stellung behaupten können, die durch das Erfolgssiegel »Made in Germany« nach wie vor markiert wird – auch wenn die Bezeichnung »Created in Germany« angesichts der Internationalisierung der Wertschöpfungsketten vielfach angebrachter wäre.

Zu düsterem Zukunftspessimismus gibt es in dieser Hinsicht keinen Anlass. Unsere außeruniversitären Forschungseinrichtungen – ob mit stärkerem Wissenschaftsbezug wie die Max-Planck-Institute oder mit stärkerem Praxisbezug wie die Fraunhofer-Institute – genießen weltweit einen hervorragenden Ruf. Und die von Bundesministerin Annette Schavan ins Leben gerufene Exzellenz-Initiative hat einen großen Beitrag dazu geleistet, dass auch Universitäten noch einmal beachtliche Anstrengungen unternommen haben, zukunftsweisende Spitzenleistungen hervorzubringen. Es war richtig, keine staatlichen Großforschungsprogramme zu dekretieren, sondern auf die Konkurrenzsituation des Wettbewerbs zu setzen und damit den Markt als Entdeckungsverfahren zu nutzen.

Was in diesem Zusammenhang aber nach wie vor Sorge bereitet, ist zum einen die andauernde Überlastung deutscher Universitäten, die trotz im Einzelnen erbrachter Spitzenleistung nur noch mit großer Mühe in der Lage sind, den Studenten die Humboldt'sche Erfahrung des forschenden Lernens zu vermitteln. Gerade die besten und leistungsbereiten Studenten finden ein Klima, in dem sie ihre Potenziale voll entfalten können, eher an den Spitzenuniversitäten im Ausland. Hier haben sie oft auch das Gefühl, in ihrer produktivsten Lebensphase nicht am hierarchischen Gängelband geführt zu werden, sondern partnerschaftlich an jenem Akt expansiven Verstehens beteiligt zu werden, als den wir Wissenschaft begreifen. Wenn die jungen Nachwuchswissenschaftler mit diesen Erfahrungen nach Deutschland zurückkehren und zu einer Veränderung des deutschen Hochschulsystems beitragen, ist eine solche Auslandserfahrung in hohem Maße zu begrüßen. Wenn diese Wissenschaftler aber, wie dies bei zu vielen der Fall ist, nicht mehr zurückzukehren beabsichtigen, drängt sich die Frage auf, ob es in Deutschland nicht weiteren Veränderungsbedarf gibt.

Zu dieser Sorge tritt zum anderen der im internationalen Vergleich unbefriedigend geringe Anteil derjenigen hinzu, die in Deutschland jedes Jahr ein Hochschulstudium aufnehmen. Natürlich ist bekannt, dass diese internationalen Vergleichsuntersuchungen ihre Schwächen haben. Viele Ausbildungsgänge, die in anderen Ländern an Universitäten angeboten werden, werden in Deutschland im Rahmen des dualen Berufsausbildungssystems durchgeführt – und das oft genug ohne Qualitätseinbußen. Dennoch lässt sich die niedrige Studierquote mit einem solchen Hinweis nicht einfach ignorieren.

Wenn Innovations- und Qualifikationsvorsprünge immer wichtiger werden, ist es auch bei einem anerkannt hochwertigen System der Berufsausbildung notwendig, den Anteil derjenigen zu steigern, die über einen Hochschulabschluss verfügen, wobei unerheblich ist, ob sie mit diesem eine Erstausbildung oder wie schon oben beschrieben eine Weiterbildung abschließen.

Der gefährliche Weg der Einfallslosen zu einer Erhöhung der Akademikerquote in Deutschland besteht in der Absenkung der Niveaus und einer Entwertung der Zugangsberechtigungen, ohne diese durch ein flächendeckendes Auswahlsystem der Hochschulen zu ersetzen. Auf diese Weise wird man zweifelsohne die Zahl derjenigen erhöhen, die über einen formalen Hochschulabschluss verfügen. Aber glänzen kann man damit nur in den OECD-Statistiken. Einen Beitrag zur Qualitätssteigerung leistet man mit solchen Vorschlägen hingegen nicht. Und den Exzellenzfähigen wird man einen Grund mehr dafür liefern, ihr akademisches Glück im Ausland zu suchen.

Dabei gibt es einen gangbaren Weg, der beiden Zielen – Exzellenz zu ermöglichen und den Hochschulzugang zu öffnen – gerecht zu werden verspricht. Ich bin der Auffassung, dass wir die Einebnung der Unterschiede zwischen Fachhochschulen und Universitäten zurücknehmen sollten und stattdessen den ganz unterschiedlichen Profilen dieser beiden Hochschulformen zur Geltung verhelfen müssen.

Die Fachhochschule sollte zur eigentlichen Regelhochschule in Deutschland werden. Hier werden auf wissenschaftlicher Grundlage und mit enger Praxisverzahnung Qualifikationen für den unmittelbaren Berufseinstieg vermittelt. Der Lehre kommt in diesem Zusammenhang herausragende Bedeutung zu. Modulare Zusatzstudienangebote erlauben einem Arbeitnehmer die akademische Aktualisierung seines Fachgebiets über den Lebens- und Karriereverlauf hinweg. Jede Fachhochschule wählt ihre Bewerber selbst aus, wobei entscheidendes Auswahlkriterium die persönliche Eignung ist. Wer heute noch Facharbeiter ist, wird morgen FH-Absolvent mit berufspraktischer Erfahrung sein. Es sollte in diesem Zusammenhang denkbar sein, Universitäten mit wenig markantem Forschungsprofil in Fachhochschulen umzuwandeln. Gleichzeitig müsste es aber auch zu zahlreichen Neugründungen kommen, um das Angebot an Studienplätzen deutlich auszuweiten.

Entsprechend müsste eine Neuorientierung der Universitäten erfolgen. Diese erfordert – über die bereits vorhandenen Möglichkeiten hinaus – Auswahlverfahren, in deren Zentrum die Fähigkeit des Bewerbers zur wissenschaftlichen Arbeit stehen muss – egal, ob es sich um einen Abiturienten, einen Meister mit Berufserfahrung oder einen FH-Absolventen handelt. Auf diese Weise würde auch vielen potenziellen Studenten das heute gerade in den geisteswissenschaftlichen Fächern immer noch unverantwortlich späte Scheitern erspart. Nicht jeder, der gern liest, findet eine Nähe zur althochdeutschen Grammatik, und nicht jeder, der Tiere mag, ist ein geborener Zoologe. Dass unser Hochschulsystem es bisher ermöglicht hat, eine solche Selbsterkenntnis erst in der Phase der Examensvorbereitung reifen zu lassen, stellt einen unverantwortlichen Umgang mit der Lebenszeit junger Menschen dar.

Ein an den Universitäten durchgeführtes Auswahlverfahren würde aber nicht nur diese Fehlentwicklung korrigieren, sondern auch klare Anreize zur Profilierung der

Hochschulen setzen: Sehr schnell würde sich jedenfalls an den Bewerberströmen zeigen, welche universitären Angebote besonders attraktiv sind und welche eher nicht.

Für die kleinere Zahl an wissenschaftlicher Arbeit interessierter Studenten wäre dann auch wieder ein begeisterndes Studium möglich, das an die Grenzen des wissenschaftlichen Fortschritts vordringt und junge Menschen ermutigt, um es mit Wilhelm von Humboldt zu formulieren, diese Grenze »auf der nie endenden Suche nach dem nie ganz Auffindbaren« zu überwinden. Dabei geht es nicht darum, deutsche Universitäten »amerikanischer« zu machen. Wir sollten vielmehr alles daransetzen, die europäische und gerade auch die deutsche Universitätsidee, die in den amerikanischen Spitzenuniversitäten fortwirkt, auch an ihrem Ursprungsort wieder zu beleben. Welche wirtschaftliche Dynamik von solchen Universitäten ausgeht, ist im Umland von Boston um Harvard und MIT herum ebenso eindrucksvoll zu beobachten wie im Silicon Valley um Stanford, CalTech und Berkeley. Es wäre schön, wenn wir mit unseren Universitäten wieder an die Bedeutung anknüpfen könnten, die sie einst im 19. Jahrhundert hatten, und wenn wir der Breite der Bevölkerung an unseren Fachhochschulen zugleich eine fachlich und wissenschaftlich fundierte Ausbildung ermöglichen könnten, die Qualifikations- und Kompetenzvorsprünge im globalen Wettbewerb behauptet und zugleich im weiteren beruflichen Verlauf erweiterungsfähig ist.

Auch wenn nicht jeder der hier entwickelten bildungspolitischen Vorschläge auf fruchtbaren Boden fallen wird, ist das eigentlich Ermutigende an unserer gegenwärtigen Diskussionslage, dass neue Ansätze endlich wieder eine Chance haben, diskutiert zu werden, ohne einer bestimmten ideologischen Richtung zugeordnet zu werden und damit die üblichen Abwehrreflexe auszulösen. Inzwischen dürfte allgemein anerkannt sein, dass ein Bildungssystem, das Leistungsfähigkeit fördert und fordert, nicht in erster Linie ökonomischer Verwertbarkeit und marktradikaler Überzeugung folgt, sondern der Entwicklung des Menschen als selbst- und eigenständige Person. Und um nichts anderes geht es. Deshalb ist auch unter den Bedingungen der Globalisierung die beste Bildungspolitik eine Politik, die den Einzelnen und seine Talente ins Zentrum ihrer Bemühungen stellt und alle Anstrengungen auf dieses Zentrum hin bündelt.

III
Gesundes Wachstum: Der globale Imperativ wirtschaftlicher Entwicklung

Im Lauf der vergangenen Jahrzehnte ließen sich zwei bedauerliche Entwicklungen beobachten. Zum einen hat sich die Ökonomie als Wissenschaft und mit ihr vielerorts auch die praktische Wirtschaftspolitik immer weiter von ihren soziokulturellen Wurzeln entfernt, die jemand wie Max Weber immer mit selbstverständlichem Nachdruck betont hat *(Die protestantische Ethik und der Geist des Kapitalismus)*. Zum anderen haben sich große Teile der deutschen Gesellschaft immer weiter von der Ökonomie und ihren Empfehlungen entfernt, ja sich ihr regelrecht entfremdet. Die Ökonomie gilt fast schon synonym zur Globalisierung als kalt, anonym, ungerecht, zerstörerisch und rücksichtslos.

Es war Wilhelm Röpke, einer der Väter der sozialen Marktwirtschaft, der vor einem halben Jahrhundert in seinem Buch *Jenseits von Angebot und Nachfrage* (1958) die passenden Worte für die Grundorientierung einer wachstumsorientierten Wirtschaftspolitik gefunden hat. »Es ist zugleich ein Gebot der Moral und der Menschlichkeit und ein solches der staatsmännischen Klugheit, die Wirtschaftspolitik den Menschen und nicht den Menschen der Wirtschaftspolitik anzupassen ... Mit anderen Worten: Das schließliche Schicksal der Marktwirtschaft mit ihren bewunderungswürdigen Mechanismen von Angebot und Nachfrage entscheidet sich – jenseits von Angebot und Nachfrage.«

Die deutsche Nachkriegsgeschichte wurde in West und in Ost ganz wesentlich durch die wirtschaftliche Erfahrung geprägt und diese Erfahrung war – zumindest im Westen Deutschlands – ausgesprochen positiv und eine Quelle sozialer und politischer Stabilität. Dies ist – zumindest im Westen Deutschlands – mit großem Erfolg geschehen. Umso schwerer wiegt es, dass ein wachsender Teil der deutschen Bevölkerung in den vergangenen Jahren andere Erfahrungen gemacht hat. Musste er doch erleben, dass in einer globalisierten Welt und besonders in einer globalisierten Wirtschaft der wirtschaftliche Erfolg des Arbeitgebers nicht mehr automatisch einen Aufbau von Beschäftigung und einen spürbaren Einkommenszuwachs mit sich bringt. Das gleichzeitige Verkünden von Umsatz- und Gewinnrekorden in einem Atemzug mit Plänen zum weiteren Stellenabbau oder zur Verlegung ganzer Abteilungen oder Werke ins Ausland ist eine der Hauptursachen für die offensichtliche Verunsicherung der deutschen Arbeitnehmer – übrigens quer durch alle Bevölkerungs- und Einkommensschichten. Diese Verunsicherung scheint mir Grund genug für eine Generalüberprüfung unseres Verständnisses von Wachstum und Wirtschaftspolitik.

In einer offen und offensiv geführten wirtschaftspolitischen Grundsatzdebatte liegt auch eine Chance für die Parteien der sozialen Marktwirtschaft, die Begriffe Wachstum und Wettbewerb neu zu legitimieren, nachdem sie seit den 1970er-Jahren häufig in Verruf geraten sind. Vor dem Hintergrund der Globalisierung lässt sich jetzt neu begründen, warum wirtschaftlicher Erfolg und gesellschaftlicher Fortschritt notwendig sind, damit ein Land als kulturell-politische Einheit fortbestehen und Einfluss ausüben kann.

Dieser Begründungszusammenhang muss erläutert werden und in die politische Aufgabenstellung münden, einen zeitgemäßen Wachstumsbegriff zu entwickeln. Wachstum ist kein Selbstzweck, sondern vor allem deshalb ein Ziel von Politik, wenn und weil wirtschaftliches Wachstum den Menschen dient. In diesem Verständnis ist Wachstum folglich weit mehr als nur eine ökonomische Schlüsselgröße, sondern es legitimiert sich vor allem dadurch, dass es ein Wachstum der Chancen für alle bedeutet. Was damit gemeint ist, lässt sich leicht konkretisieren. Nur durch wirtschaftliches Wachstum wird es möglich sein, breiten Wohlstand zu erhalten und zu mehren und gleichzeitig die Natur dafür weniger und weniger intensiv in Anspruch zu nehmen. Es geht also um ökologisches Wachstum. Wachstum der Chancen bedeutet darüber hinaus Wachstum der Aufstiegschancen für diejenigen, die sie nicht erben, sondern die Chancen nur durch einen Entwicklungsprozess der Gesellschaft für sich selbst verwirklichen können.

1. Die Wurzeln allen Wachstums

Eine wachstumsorientierte Wirtschaftspolitik sollte sich also als Ideal an den Bedürfnissen und den Fähigkeiten des Einzelnen ausrichten. Ökonomen messen das Wirtschaftswachstum einer Nation traditionellerweise an der Steigerung der volkswirtschaftlichen Leistung, dem sogenannten Bruttoinlandsprodukt, kurz BIP. Dieser Wert umfasst die produzierten Güter und Dienstleistungen für den finalen Gebrauch eines Jahres. Während das eine gute Kennzahl für die ökonomische Leistungsfähigkeit eines ganzen Landes ist, hängt der materielle Wohlstand der einzelnen Bürger jedoch davon ab, wie viel von diesem BIP jedem Einzelnen an Einkommen zur Verfügung steht. Dazu errechnen Ökonomen das Bruttoinlandsprodukt pro Kopf.

Um sich der Dynamik des Phänomens Wachstum zu nähern, bietet sich als Illustration eine einfache Faustregel an. Sie beruht auf der Berechnung, wie schnell sich das Einkommen eines Landes verdoppelt. Wenn es zum Beispiel konstant mit einer jährlichen BIP-Wachstumsrate von 1,5 Prozent wächst, dauert es rund 47 Jahre. Wächst ein Land wie China mit neun Prozent im Jahr, verdoppelt sich das Einkommen eines Landes bereits nach acht Jahren. Das verdeutlicht die enorme Hebelwirkung, die einem hohen Wirtschaftswachstum innewohnt.

Historisch gesehen war jedoch für viele Länder ein hohes Wirtschaftswachstum keineswegs die Regel. Für den längsten Zeitraum in den vergangenen 2000 Jahren gab es, wenn überhaupt, nur ein äußerst geringes Wachstum. Wirtschaftshistoriker haben ermittelt, dass der Lebensstandard der Menschen über Jahrhunderte hinweg praktisch unverändert blieb (Angus Maddison). Nach vielen Jahrhunderten der wirtschaftlichen Stagnation vollzog sich um das Jahr 1820 herum die erste radikale Wende. Der Beginn der industriellen Revolution mit der Entwicklung der Dampfmaschine brachte plötzlich eine anhaltende Expansion der Weltwirtschaft mit sich. Seit knapp 40 Jahren erleben wir mit der IKT-Revolution (Informations- und Kommunikationstechnologie), das heißt mit der Erfindung von Computer und digitaler Datenübertragung, eine neue Phase, die von einer hohen weltweiten Wachstumsdynamik geprägt ist. Folgerichtig lässt sich von der gegenwärtigen Globalisierung als »dritter industrieller Revolution« sprechen.

Angesichts der vielfältigen positiven Wirkungen dieser wirtschaftlichen Dynamik sowohl in Deutschland als auch weltweit kann es nur überraschen, wie umfassend Wirtschaftswachstum in weiten Teilen der deutschen Gesellschaft diskreditiert ist. Das politische Ziel, ein möglichst hohes Wachstumstempo zu erreichen, löst bei vielen Deutschen eher zwielichtige Reaktionen aus. Einerseits ist man demonstrativ stolz auf den Titel des Exportweltmeisters, andererseits wird gerade in der Wachstumsdebatte eine starke Sehnsucht nach Kontinuität, nach dem Vermeiden allzu großer Umbrüche sichtbar. So positiv der Begriff Wachstum etwa im Kontext der Familie oder mit Bezug auf das Heranwachsen von Kindern gesehen wird, so bedrohlich erscheint der wirtschaftliche Wachstumsbegriff – nicht zuletzt mit Blick auf die Belastung unserer Umwelt und die Auflösung überschaubarer sozialer Strukturen.

Doch auch diese Einwände sind ähnlich der modernen Globalisierungskritik nicht so neu, wie sie auf den ersten Blick erscheinen mögen. Die Zerlegung von Wirtschaftswachstum in einen guten und in einen schlechten Teil lässt sich auf eine Unterscheidung zurückführen, die schon Aristoteles mit der Abgrenzung zwischen einer »natürlichen« und einer »unnatürlichen« Ökonomie getroffen hat. Die Ablehnung gegenüber der Grenzenlosigkeit und Maßlosigkeit wirtschaftlichen Handelns ist tief verwurzelt. Diese kulturelle Dimension von Handel und Wandel, Wachstum und Dynamik, Entgrenzung und Ordnungsverlust spielt bis auf den heutigen Tag eine Rolle, wenn die Debatten um Hedgefonds, ausländische Staatsfonds oder den globalen Finanzmarkt in unserem Land geführt werden.

Gerade wegen dieser in tiefen Schichten unserer Kultur angelegten Vorbehalte ist es politisch unverzichtbar, das moderne Verständnis von Wachstum zu erläutern und das Wachstumsziel immer wieder zu begründen.

Es war der US-amerikanische Ökonom Robert Solow, der mit seinen Arbeiten in der Mitte des 20. Jahrhunderts hierfür den Grundstein gelegt hat. Ursprünglich wollte Solow lediglich modellhaft das Wirtschaftswachstum in den USA erfassen und beschreiben. Dabei erkannte er drei Faktoren, die allgemein entscheidend und für das langfristige Wachstum einer Volkswirtschaft von überragender Bedeutung sind. Bei diesen drei Faktoren handelt es sich um

- Arbeit (wie viele Menschen arbeiten wie lange?),
- Kapital (wie effizient werden Investitionen zum Beispiel in Infrastruktur oder Maschinen finanziert?),
- technischen Fortschritt (welche Rolle spielt moderne Technologie?).

Solow wollte mit seinem Modell belegen, dass einer Wachstumsstrategie, die ausschließlich die Akkumulation physischen Kapitals zum Ziel hat, durch abnehmende Grenzerträge natürliche Grenzen gesetzt sind. Während eine noch nicht so entwickelte Volkswirtschaft durch gezielte Investitionen in Maschinen, Immobilien oder Infrastruktur ihr Wirtschaftswachstum relativ gut erhöhen könne, funktioniere diese Strategie im Zeitverlauf immer schlechter, weil unter anderem die Effizienzvorteile immer geringer würden. Eine rein quantitative Ausweitung der Produktionsfaktoren Arbeit oder Kapital kann die Wachstumsrate eines Landes demzufolge nur begrenzt erhöhen; die eher qualitative Dynamik des technischen Fortschritts spielt in diesem Prozess eine mindestens genauso wichtige Rolle (Stefan Bergheim). Denn je besser und effizienter einzelne Wachstumsfaktoren beispielsweise durch den Einsatz moderner Technologie oder neuer Arbeitsprozesse genutzt und kombiniert werden, desto höher ist im Ergebnis die Wachstumsrate. Dieser Mechanismus war und ist immer noch auch für das Wachstum in Deutschland von überragender Bedeutung.

2. Von »Made in Germany« zu »Created in Germany«

Daraus folgt für eine relativ entwickelte Volkswirtschaft wie Deutschland, dass unser zukünftiges Wachstumspotenzial ganz entscheidend im Bereich des sogenannten Humanvermögens (in den Köpfen der Menschen) und in einem besseren institutionellen Zusammenspiel liegt. Um diesen Zusammenhang zu betonen, sprechen manche Beobachter in Ergänzung des technischen Fortschritts vom Fortschritt der sozialen Technik (wie kommunizieren Menschen und wie gut können sie sich auf den gesellschaftlichen Wandel einlassen?). Welche Begrifflichkeiten man auch wählt, die Aussage bleibt doch stets die gleiche: Deutschlands Zukunft sind seine Bürger. Denn nur die Deutschen selbst können mit ihrer Einstellung und ihren Ideen dafür sorgen, dass das komplexe Gleichgewicht aus sozioökonomischer Entwicklung, die unter anderem durch Innovation, wachsende Lebenserwartung, höhere Bildungsniveaus und bessere Gesundheitsvorsorge geprägt wird, dem Wandel zu Werten, die anstelle von Subordination die Entscheidungsfreiheit jedes Menschen betonen, und den politischen Institutionen im Zeitverlauf stabil bleibt.

Auf diese drei Faktoren sowie ihre enge und komplementäre Verbindung kommt es also an. Das langfristige Wachstum einer Gesellschaft baut eben keinesfalls einseitig nur auf der sozioökonomischen Entwicklung auf, sondern braucht eine breite gesellschaftliche Basis, die Werte und politische Institutionen mit einschließt. Deshalb kann es überhaupt nicht erstaunen, dass ein hohes Wirtschaftswachstum im OECD-Raum stets eine hohe Korrelation, also eine hohe wechselseitige Abhängigkeit mit Faktoren wie Zufriedenheit, hohem Bildungsstand und ausgeprägtem sozialem Bürgerengagement aufweist.

Das für die nachhaltige wirtschaftliche Entwicklung eines Landes maßgebliche Zusammenspiel zwischen den traditionellen Faktoren (Arbeit, Kapital, technologischer Wandel) und den allgemeinen gesellschaftlichen Prinzipien und Rahmenbedingungen (Wettbewerbsgedanke, Subsidiarität) stellt sich nicht von selbst ein, sondern ist im Gegenteil stets in Gefahr, durch Marktteilnehmer gestört zu werden, die ihre Macht missbrauchen, um Wettbewerb zu verhindern, und die damit letztlich die Wohlstandsvorteile nachhaltigen Wachstums beeinträchtigen. Deshalb ist es von zentraler Wichtigkeit, die Rahmenbedingungen des Marktes durch institutionelle Regeln zu fixieren. Ähnlich wie Ludwig Erhard es bereits in den 1950er-Jahren forderte, kommt auch die aktuelle Forschung zu dem Ergebnis, dass Voraussetzung für Wirtschaftswachstum eine gute Ordnungspolitik des Staats ist. Das ist nicht zuletzt eine Politik, die wirtschaftlichen, gesellschaftlichen und politischen Partikularinteressen widersteht. Gerade diese Erkenntnis ist vor dem Hintergrund des 60-jährigen Jubiläums, das die soziale Marktwirtschaft im vergangenen Jahr begehen konnte, von bleibender Bedeutung.

Von der aktuellen Legitimationskrise der Marktwirtschaft war an anderer Stelle schon die Rede. Rückblickend symbolisierte das Konzept der sozialen Marktwirtschaft für eine Bevölkerungsmehrheit in Deutschland bis weit in die 1990er-Jahre hinein das gefundene Gleichgewicht zwischen sozioökonomischer Entwicklung, gesellschaftlichen Werten und politischen Institutionen. Dieses Gleichgewicht wurde durch die Globalisierung erschüttert und aus der Balance gebracht. Die soziale Marktwirtschaft ist damit jedoch keinesfalls überholt. Es gilt vielmehr, dieses Erfolgskonzept in seinen Prinzipien wiederzuerkennen und in seinen Instrumenten an die veränderte Wirklichkeit der Globalisierung anzupassen.

3. Politik für Wachstum

Wir haben schon gesehen, wie eng politische und wirtschaftliche Freiheit in unserer Vision einer solchen politischen Gestaltung der Globalisierung auch im 21. Jahrhundert zusammengehören. Sie sind und bleiben untrennbar miteinander verbunden. Für die politische Praxis bedeuten die soziale Einbettung von Märkten und Gesellschaften und die Existenz von Sozialkapital im Grunde wiederum nichts anderes, als dass sich unsere wirtschafts- und sozialpolitischen Ziele ergänzen müssen. Denn wenn das eine nahezu täglich gegen das andere ausgespielt wird, landen wir unabdingbar in einer politischen Neutralisierung und in der schon mehrfach angesprochenen Ohnmacht. Umso bedauerlicher ist es, dass die Einschätzung von Wirtschafts- und Sozialpolitik als zwei voneinander getrennten Säulen oder Sphären, in der eine für die Erstellung des Gesamtkuchens zuständig ist (Wirtschaftspolitik), während die andere primär für dessen Verteilung (Sozialpolitik) steht, immer noch viele Anhänger quer durch alle Parteien findet. In Zeiten der Globalisierung entscheidet gute, das heißt vor allem kohärente Politik sowohl über die Größe des Kuchens als auch über seine Verteilung.

Dazu drei Beispiele:

Energiepolitik

Die Energiepolitik steht exemplarisch für ein Thema, das wieder ins Zentrum des öffentlichen Interesses zurückgekehrt ist. Nach den fast als traumatisch zu bezeichnenden Erfahrungen der ersten und zweiten Ölkrise mit autofreien Sonntagen war es zunächst etwas ruhiger geworden. Lediglich noch die teilweise chaotischen Zustände bei den CASTOR-Transporten riefen uns noch in Erinnerung, dass auch die Bundesrepublik Deutschland so etwas wie eine Energiepolitik besitzt. Doch spätestens seit der internationalen Debatte über den Bericht zum Klimawandel des ehemaligen Chefvolkswirts der Weltbank Nicholas Stern *(Stern-Report,* veröffentlicht im Oktober 2006), seit dem weltweiten Erfolg von Al Gores Oscar-prämierter Dokumentation »Eine unbequeme Wahrheit« und nicht zuletzt seit dem Ringen um einen Klimakonsens auf dem G8-Gipfel in Heiligendamm steht die Energiepolitik zu Recht ganz oben auf der Prioritätenliste nationaler und internationaler Politik.

Fest steht, dass die energiepolitischen Rahmenbedingungen sich drastisch verschärft haben. Steigende Rohstoffpreise haben den globalen Wettlauf um Rohstoffe in einer Art und Weise wiederbelebt, wie das zuvor kaum jemand für möglich gehalten hat. Gleichzeitig erschweren die neuen Geografien der Macht etwaige Verhandlungen über eine globale Lösung für die Klimaproblematik (etwa im Rahmen des Post-Kyoto-Protokolls ab 2012). Darüber hinaus kann der steigende Bedarf an Biokraftstoffen vor allem in den Industrieländern seinerseits eine bedenkliche Flächenkonkurrenz auslösen. Wertvolle Wälder werden gerodet, und die ohnehin schon steigenden Nahrungsmittelpreise erfahren einen weiteren Preisschub.

Die Energiepolitik steht in dreifacher Hinsicht für den Wandel in der politischen Gestaltung in Zeiten der Globalisierung. Erstens liefert sie ein eindringliches Beispiel dafür, dass die Zeiten strikt nationaler Regulierungen endgültig vorbei sind. Dies heißt, dass auch die Zeit für nationale Alleingänge – sei es bei Subventionen, Ausnahmeregelungen oder Verboten – vorbei ist. Eine Energiepolitik, die in ihrer Wirkung Preise verzerrt, schafft möglicherweise kurzfristig Entlastungen. Aber sie ist nicht nachhaltig, weder finanziell noch sozial. Vielmehr muss es darum gehen, Verbraucher und Unternehmen, aber auch die Energieversorgung selbst in die Lage zu versetzen, ihren Energiebedarf auch vor dem Hintergrund veränderter globaler Rahmenbedingungen so zu decken, dass er sicher, verlässlich, sauber und bezahlbar ist.

Zweitens geht es bei nationaler und internationaler Energiepolitik im Kern um Wachstumspolitik, bei der sich eindrucksvoll zeigt, wie global Politik und Menschen im 21. Jahrhundert vernetzt sind – im Positiven wie im Negativen. Letztendlich wird eine Volkswirtschaft langfristig nur dann prosperieren und Wohlstand schaffen, wenn es ihr gelingt, ihr Wachstum auf einer sauberen, sicheren und auf zunehmende Rohstoffknappheit reagierenden Energieversorgung aufzubauen. Unser Umgang mit Energie wird zu einem entscheidenden

Parameter für die Wachstums- und Entwicklungschancen eines Landes.

Drittens macht die Energiepolitik deutlich, wie wichtig jeder Einzelne von uns ist und welche individuelle Verantwortung bei jedem von uns für unsere Umwelt liegt. Der Staat kann sicherlich durch Standards und Richtwerte eine Entwicklung hin zu höherer Energieeffizienz und zum Energiesparen unterstützen. Doch die eigentliche Macht liegt zweifelsohne bei den Bürgern, bei den Verbrauchern.

Welche Aufgabe hat nun die Politik? Sie muss einen klaren, verbindlichen und verlässlichen Rahmen vorgeben und durch geeignete Maßnahmen dort eingreifen, wo die Marktteilnehmer ohne staatliches Handeln die energiepolitischen Ziele nicht erreichen können oder wollen. Der Energiepolitik kommt somit unter dem Motto Effizienz, Transparenz und Wettbewerb eine aktive Rolle zu.

Effizienz: Die Europäische Union hat 2007 das Aktionsprogramm Energieeffizienz (APEE) beschlossen. Ziel ist eine Steigerung der Energieeffizienz um 20 Prozent im Zeitraum 2005 bis 2020. Inzwischen haben Bundesregierung und Bundestag einen konkreten Maßnahmenkatalog verabschiedet. Dazu gehören etwa die Förderprogramme zur Modernisierung von Gebäuden und der verstärkten Nutzung erneuerbarer Energien sowohl in Privathaushalten als auch in der Industrie.

Transparenz: Von der individuellen Verantwortung war schon die Rede. Verbraucher, gleichgültig in welchem Markt, müssen ihre Rechte und Möglichkeiten kennen, um sich optimal zu verhalten und zu entscheiden. Fehlende Informationen schaden, sowohl was die Effizienz als auch was die Gesamtkosten betrifft. Daraus leitet sich zum Beispiel die Forderung nach klaren und verständlichen Stromrechnungen ab; verbindliche Kennzeichnungspflichten für den Stromverbrauch bei Endgeräten fördern einen mündigen Verbraucher.

Wettbewerb: In der Modernisierung der Energieinfrastruktur liegt ein zentraler Schlüssel für Wachstum, Wohlstand und Zukunftsfähigkeit einer Volkswirtschaft. Eine derartige Modernisierung bietet national wie international ein enormes Innovations- und Wachstumspotenzial. Den Schlüssel auf dem Weg zu mehr Wettbewerb liefert die Gründung einer privaten deutschen Netzgesellschaft. Möglichst viele Anbieter müssen die Möglichkeit erhalten, Strom einzuspeisen (Wettbewerb auf der Makroebene). Ein beispielhaftes Gegenstück auf der Verbraucherseite (Wettbewerb auf der Mikroebene) stellt das kürzlich beschlossene »Gesetz zur Öffnung des Messwesens in den Bereichen Strom und Gas für den Wettbewerb« dar. Die Monopole bei den Stromzählern haben lange genug Wettbewerb verhindert und den Anbieterwechsel unnötig erschwert.

Neben diesen Prioritäten hat die Politik darüber hinaus die Aufgabe, die langfristige Energiesicherheit Deutschlands und Europas im Auge zu behalten. Denn unsere Energiesicherheit ist die politische Klammer für mehr Effizienz, Transparenz und Wettbewerb. Nur wenn sie langfristig gewährleistet ist, macht Energiepolitik im Tagesgeschäft überhaupt Sinn.

Innovation

Ein weiterer unverzichtbarer Treiber von Wachstum ist und bleibt die Innovation, das heißt das Auftauchen und Umsetzen von etwas Neuem. Wahre Innovation erschöpft sich nicht einfach nur in der Weiterführung oder Expansion des schon Gewohnten, sondern versucht einen bisher unbekannten Weg aufzuzeigen. Innovation steht für die Bereitschaft zur Veränderung, manchmal revolutionär und radikal, meist jedoch auf einem Weg der kleinen Schritte. So wichtig der Anstoß des Berichts des Club of Rome über die Grenzen des Wachstums seinerzeit auch gewesen sein mag, hat er doch die Innovationsfähigkeit und das Innovationsstreben unserer Gesellschaften unterschätzt. Ausgesprochene Wachstumsskeptiker sehen nämlich zuallererst den Status quo. Sie verherrlichen die Gegenwart, schüren eine regelrechte Angst vor der Zukunft und ignorieren wiederholt und systematisch das unerschöpfliche Innovationspozenzial der Menschen. Wachstums- und Globalisierungsskeptiker beklagen immerfort die fehlenden Sicherheiten und fordern ihrerseits verbindliche Zusagen der Absicherung. Doch gerade die kann und sollte man nicht einfordern, wenn es um Innovationen geht. Innovative Gesellschaften bezahlen einen Preis, den man nicht in Euro, Dollar oder Yen ausdrücken kann. Dieser Preis besteht in einem bewussten Umgang mit Risiko. Eine verantwortungsvolle Innovationspolitik weckt keine falschen Hoffnungen und verleugnet oder verschweigt die inhärenten Risiken nicht – etwa aus Angst vor kritischen Nachfragen. Gute Innovationspolitik erkennt und arbeitet mit Risiken und sorgt gerade mit dieser Strategie für Freiräume, in denen experimentiert werden kann. Sie funktioniert nicht wie eine Spielbank, indem sie auf einzelne Gewinner und somit sprichwörtlich alles auf eine Karte setzt.

Wenn Deutschland wirtschaftlich und gesellschaftlich weiter so erfolgreich bleiben möchte wie bisher, dann müssen wir als Gemeinschaft vor allem zwei Einsichten beherzigen. Erstens, Innovation hat viele Gesichter. Der »Innovationsindikator Deutschland« – eine Gemeinschaftsinitiative der Deutsche Telekom Stiftung und des Bundesverbands der Deutschen Industrie (BDI) – listet insgesamt sieben Rahmenbedingungen auf, die das Innovationssystem eines jeden Landes kennzeichnen: Bildung, Forschung, Regulierung und Wettbewerb, Finanzierung, Nachfrage, Vernetzung sowie Umsetzung in der Produktion. Schon an dieser Auflistung lässt sich leicht ablesen, dass der Staat nicht allein der maßgebliche Akteur ist. Während der Bund im Jahr 2007 beispielsweise etwas mehr als zehn Milliarden Euro für Forschung und Entwicklung ausgegeben hat, gibt die Wirtschaft jährlich ungefähr das Vierfache dieser Summe aus. Das Bekenntnis, dass Innovation viele Gesichter haben kann, bedeutet zugleich, dass es Innovationspotenziale jenseits der klassischen Akteure Staat und Wirtschaft gibt. Im »Innovationsindikator Deutschland« ist von der Gesellschaft als wichtigem Träger des Innovationsklimas die Rede. Gemeint sind damit vor allem die Aufgeschlossenheit gegenüber technischen Neuerungen, die allgemeine Bereitschaft, unternehmerisches Risiko zu übernehmen, und die verstärkte Einbindung von Frauen in Innovationsprozesse. Ich bin sogar davon überzeugt, dass sich eine richtige Innovationskultur in Deutschland nur dann entwickeln und ausleben kann, wenn wir neben dem Staat und der Wirtschaft die Gesellschaft selbst als Innovationsmotor begreifen. Ein solcher Fortschritt wird allerdings nicht in Milliarden oder Millionen gemessen, sondern eher durch Begriffe wie Ansprache, Zugang und Teilhabe charakterisiert. Mit das beste Beispiel für diese Art der Innovation sind die »social entrepreneurs«. Solche Unternehmer streben nicht nach einem möglichst hohen Profit oder einem hohen Marktanteil, sondern sie verfolgen in erster Linie die praktische Lösung eines gesellschaftlichen Problems. Ohne dass sie sich jemals selbst als solche bezeichnen würden, sind viele Ehrenamtliche in Deutschland so etwas wie soziale Unternehmer. Sie engagieren sich freiwillig und für eine lohnenswerte Sache und schaffen so erst die Grundlagen, damit unsere Gesellschaft ihre Innovationspotenziale entfalten kann. Soziale Unternehmer, wie sie unter anderem in Netzwerken wie Ashoka Deutschland zusammengeschlossen sind, bringen vormals ausgeschlossene Individuen und Gruppen wieder zurück in die Mitte der Gesellschaft.

Zum Zweiten braucht Deutschland ein klares Bekenntnis zur Exzellenz und zum Experimentieren. Wir sind traditionellerweise als ein Land der Tüftler und der Bastler bekannt. Vor diesem Hintergrund müsste es um unsere Innovationsfähigkeit und das Innovationsklima in Deutschland eigentlich gut bestellt sein. Leider sieht die Wirklichkeit nicht immer so positiv aus, und zahlreiche nationale und internationale Analysen zeichnen ein ernüchterndes Bild. Deutschland ist kreativ – keine Frage, doch oftmals stehen wir uns mit unseren eigenen (zu) hohen Ansprüchen selbst im Weg. Eine Erklärung könnte sein, dass wir uns zu sehr an unseren Erfolg gewöhnt haben und gleichzeitig dabei verdrängen, wie schwierig, risikoreich und anstrengend der ursprüngliche Weg dorthin war. Deutschland und die Deutschen streben nach Perfektion. Die Toleranz für Fehler und das Scheitern von Projekten und Initiativen gehört zwar unauflöslich zur Innovation dazu, doch diese Toleranz zählt sicherlich nicht zu unseren Stärken. Deutsche Wertarbeit und Qualität werden zwar weltweit geschätzt, doch es gibt eben auch eine Kehrseite dieser Medaille. Wir sind leider viel zu oft auf der Suche nach der einen, alles entscheidenden politischen Maßnahme oder dem einen nahezu perfekten Produkt. Im Englischen spricht man von der silbernen Kugel, die mitten ins Schwarze trifft. Wachstums- und Innovationspolitik kennen keine solchen silbernen Kugeln. Sie funktionieren nach keinem noch so ausgetüftelten Patentrezept, sondern verlangen Ausdauer, Neugier und vor allem ein offenes Klima des Lernens. Der Bund hat durch seine im Sommer 2006 verabschiedete Hightech-Strategie für Deutschland einen überzeugenden und ambitionierten Ansatz einer umfassenden Forschungs- und Innovationspolitik vorgelegt. In den kommenden Monaten und Jahren müssen wir dafür sorgen, dass diese Initialzündung und das damit verbundene Bekenntnis zu wissenschaftlicher Exzellenz nicht ein einmaliges Aufbäumen bleiben, sondern ein andauerndes Bekenntnis für eine deutsche Innovationskultur.

Migration

Beim dritten Politikfeld, auf das ich im Zusammenhang mit einer Politik für Wachstum näher eingehen möchte, dreht sich zum wiederholten Mal (fast) alles um den Zugang. Genauer gesagt, um Zugang in zweifacher Hinsicht: Migranten brauchen einen besseren Zugang zu unserer Gesellschaft, und gleichzeitig braucht unsere Gesellschaft einen besseren Zugang zu den in Deutschland lebenden Migranten. Unsere eigene historische Tradition bildet den Grundpfeiler einer solchen Haltung. Deutschland ist eine wirtschaftlich, politisch und kulturell offene Gesellschaft im Zentrum Europas. Vor diesem Hintergrund ist Migrationspolitik schon lange kein Nischenthema mehr, sondern ein wichtiges Querschnittsthema mit einem eigenen Stellenwert in Deutschlands politischer Landschaft geworden. Nach den aufgeheizten Debatten über das deutsche Asylrecht in den 1980er- und 1990er-Jahren besitzt das Thema Migration heutzutage aus meiner Sicht drei maßgebliche Facetten: Zuwanderung, Integration und neuerdings auch Abwanderung deutscher Bürger.

Zuwanderung: In Deutschland leben aktuell um die sieben Millionen Menschen mit ausländischem Pass und rund eine Million eingebürgerte Staatsangehörige mit ausländischer Herkunft. In früheren Jahren lebten zeitweise weit mehr Gastarbeiter vor allem aus Italien, Spanien, Griechenland, der Türkei, dem ehemaligen Jugoslawien und Portugal in Deutschland, kehrten dann allerdings mehrheitlich wieder in ihre jeweiligen Heimatländer zurück. Deutschlands Gastarbeiter hatten einen großen Anteil am Aufbau der Wirtschaft nach dem Zweiten Weltkrieg. Die deutsche Gesellschaft und mit ihr die deutsche Politik haben erst mit der Zeit ein wirkliches Gespür beziehungsweise ein Verständnis für die langfristig in Deutschland lebenden Zuwanderer und ihre Familien entwickelt. Es ist kein Geheimnis mehr, dass Deutschland aufgrund seiner demografischen Entwicklung schon aus Eigeninteresse auf die Zuwanderung qualifizierter Ausländer angewiesen ist. Das beste Mittel, diese Zuwanderung zu gestalten, bietet die Einführung eines Punktesystems, das die Qualifizierung eines jeden einzelnen Zuwanderers erfasst und bewertet. Mit diesem flexiblen Instrument, das sich seit vielen Jahren in anderen Ländern bewährt hat, würde es zudem möglich, die Zuwanderung in wirtschaftlich angespannten Zeiten maßvoll zurückzufahren und somit ganz auf deutsche Bedürfnisse einzugehen. Das kanadische System erfragt beispielsweise in Kategorien wie Bildungsstand, Sprachkenntnisse, Arbeitserfahrung, Alter, Aussicht auf Beschäftigung, Adaptionsfähigkeit (Fähigkeiten und Kenntnisse von Familienmitgliedern) und Finanzausstattung in transparenter Art und Weise für jedes Gastland elementare Informationen. Diesem Beispiel sollte Deutschland folgen.

Integration: Deutschland ist ein Integrationsland, in dem fast 15 Millionen Menschen mit Migrationshintergrund leben. Jedes dritte Kind unter sechs Jahren entstammt einer Zuwandererfamilie oder einer binationalen Ehe. Im Jahr 2010 wird in den großen Städten jeder Zweite unter 40 Jahren einen Migrationshintergrund haben. Allein vor diesem Hintergrund lässt sich Integration angemessen nicht mit einzelnen isolierten Fragestellungen erfassen, sondern bedarf einer vielschichtigen Analyse. Integration funktioniert auf unterschiedlichen Ebenen, und sie vereint kulturelle, sprachliche, sozioökonomische und politische Aspekte. Es ist deshalb nur folgerichtig, dass eine angemessene und wirksame Integrationspolitik auf einem politischen Gesamtkonzept beruht, das Arbeitsmarkt-, Sozial-, Familien-, Bildungs-, Kultur- und Ausländerpolitik miteinander verknüpft. Jeder Vorschlag, der diese inhaltliche Breite nicht ausreichend berücksichtigt, wäre ein Schritt zurück. Gelingende Integration bedeutet Wachstum für Deutschland und für jeden einzelnen Zuwanderer. Der Grundsatz lautet: Wurzeln bewahren, Identifikation stärken. Das Deutsche Institut für Wirtschaftsforschung (DIW) hat in einer Studie zur Integration von Migranten eindrucksvoll belegt, wie das in der Praxis funktionieren kann. Ethnische Identität – das heißt der Grad an Bindung oder Identifikation mit dem Aufnahme- und dem Herkunftsland – bestimmt in hohem Maße den ökonomischen Erfolg. Der Hauptvorteil integrierter Zuwanderer liegt darin, dass sich ihr kulturspezifisches Humankapital gut mit dem deutscher Arbeitnehmer ergänzen kann. Eine höhere Integrationswahrscheinlichkeit geht Hand in Hand mit einer höheren Wahrscheinlichkeit, einen Arbeitsplatz zu finden und ein höheres Einkommen zu erzielen – Integrationsbereitschaft als Schlüsselqualifikation im 21. Jahrhundert.

Abwanderung: Das Thema der Auswanderung deutscher Staatsangehöriger ins Ausland hat in den vergangenen Jahren eine erstaunliche Renaissance erlebt. Einen entscheidenden Wendepunkt in der öffentlichen Aufmerksamkeit markierte sicherlich die vom Statistischen Bundesamt im Sommer 2006 veröffentlichte sogenannte Wanderungsstatistik. Die Zahlen fanden sofort Widerhall in den deutschen Medien. Laut Statistischem Bundesamt kehrten im Jahr 2005 so viele Deutsche ihrem Heimatland den Rücken wie seit 1954 nicht mehr. Nach mehreren Jahrzehnten kam es wieder zu einem Netto-Wanderungsverlust. Insgesamt wanderten mehr Deutsche aus, als wieder zurückkamen. Selbst internationale Medien entdeckten plötzlich das Thema »brain drain« – buchstäblich den »Abfluss« von Gehirnen – unter ganz anderen Vorzeichen, nämlich von Industrieländern in andere Industrieländer. Zwei weitere Tatsachen erschienen aus deutscher Sicht als besonders bedrohlich. Über 40 Prozent der Fortziehenden im Jahr 2005 gehörten zur relativ »jungen« Altersgruppe zwischen 25 bis 40 Jahren, und ein knappes Drittel der deutschen Migranten des Jahres 2005 konnte der Gruppe der Hochqualifizierten zugerechnet werden (Lenore Sauer/Andreas Ette). Am Ende war die Botschaft mehr als klar: Deutschland verliert im Wettbewerb um ausländische und einheimische Talente und Leistungsträger.

Am Anfang dieses Kapitels stand die Suche nach einer neuen Legitimation für eine wachstumsorientierte Wirtschaftspolitik. Anhand von drei Politikfeldern – Energie, Innovation, Migration – habe ich versucht, die aktuellen Herausforderungen und Potenziale einer solchen Wirtschaftspolitik aufzuzeigen. Zusammenfassend lässt sich festhalten, dass gesundes Wachstum auf den Fundamenten einer »verstehenden Marktwirtschaft« beruht. Denn um als Nation und Volkswirtschaft wirklich erfolgreich zu sein, brauchen wir eine marktwirtschaftliche Ordnung, die von der Mehrheit der Deutschen verstanden und aktiv unterstützt wird. Gleichzeitig brauchen wir eine Marktwirtschaft, in der die unternehmerischen Eliten unseres Landes die Wünsche und Sorgen einer breiten Bevölkerungsmehrheit verstehen und auf sie eingehen. Dieses wechselseitige Verstehen in einer Marktwirtschaft ist elementar und nicht ersetzbar – auch nicht durch Politik.

IV
Europas Berufung heute: Die Globalisierung muss europäisch werden

1. Europa und die Globalisierung: Eine historische Wechselbeziehung

Es gibt keine andere Region auf der Erde, die mit der Entstehung von Globalisierung so sehr verbunden und deren geschichtliche Entwicklung wiederum selbst so von ihr geprägt ist wie (West-)Europa. Über mehrere Jahrhunderte der Neuzeit hinweg ist Europa eine der dominanten Mächte auf der Erde gewesen, sie hat den Globus gewissermaßen erschlossen und erstmals mit einem weltumspannenden Netz umwoben. Moderne Wissenschaft und Forschung, die technologische Anwendung von Erkenntnissen, modernes Staats- und Rechtsverständnis, die industrielle Revolution, die zivilisatorische Dimension von Kunst und Kultur, all dies ist in Europa geboren oder hat sich zumindest von hier aus als europäische Art des Lebens, des Wirtschaftens und des Arbeitens weltweit verbreitet. Insbesondere war es Europa selbst, das aufgrund der technologisch-industriellen Entwicklung, seines starken Bevölkerungswachstums, aber auch seiner starken territorialen-staatlichen Zerstückelung einerseits und der übergreifenden kulturellen Gemeinsamkeit auf dem eigenen Kontinent andererseits viel früher als anderswo eine dichte, grenzüberschreitende Wirklichkeit hervorgebracht hatte. Europa war daher über Jahrhunderte Antreiber und Ort einer

Entwicklung, die wir im Nachhinein als Globalisierung bezeichnen können.

Die Entwicklung der politischen Ordnung allerdings hat all dem nicht entsprochen, sie verlief sogar geradezu konträr zur globalen Vernetzung. Der Geltungsanspruch des Staats, der sich vom Territorial- zum Nationalstaat entwickelte, steigerte sich ins Absolute. Der Staat des 19. Jahrhunderts verbat sich jede Einwirkung von außen, er wollte autark sein und unabhängig von allen seinen Nachbarn, er duldete keinen Richter über sich und beanspruchte das Recht, sich mit Gewalt zu nehmen, was er als sein Recht sah.

Krieg war die unvermeidliche Folge. Er zerriss mit schrecklichen Folgen die transnationale Wirklichkeit, die sich in der zweiten Hälfte des 19. Jahrhunderts im westlichen, stärker industrialisierten Teil Europas bereits so dicht entwickelt hatte, dass dank fester Wechselkurse und durch den Goldstandard de facto schon so etwas wie eine Währungsunion entstanden war. Der nationalistische Wahn, der in den beiden Weltkriegen des 20. Jahrhunderts seinen Ausdruck fand, zerstörte diese Welt, die noch lange Zeit danach als die »gute, alte Zeit« empfunden wurde. Zerstört wurde nebenbei aber auch die globale Dominanz Europas.

Auf dem Boden dieser historischen Erfahrung entwickelten sich in der Nachkriegszeit drei Kräfte, welche die europäische Integration als politische Vision und politisches Projekt zugleich formten.

Die erste Gründungskraft war geprägt von den Schrecken des Krieges und der Entschlossenheit, die Versöhnung der Völker, insbesondere von Franzosen und Deutschen, sowie das Miteinander der Staaten in einer politischen Ordnung zu organisieren und damit auch den Absolutheitsanspruch der Nationalstaaten zu relativieren. Versöhnung und Frieden als Ausdruck des Wunsches, die Vergangenheit zu überwinden, waren das eine, die Arbeit an einer gemeinsamen Zukunft war das andere Antriebselement zu Beginn des europäischen Einigungsprozesses. Nichts drückt beides deutlicher aus als der erste Schritt der europäischen Vergemeinschaftung: die Montanunion. Kohle und Stahl galten damals als die strategischen Industrien, mit denen sich Staaten die Fähigkeit zur Kriegsführung erarbeiten konnten. Kohle und Stahl erschienen aber zugleich als Schlüsselindustrien für die wirtschaftliche Entwicklung eines Landes, also für die Zukunft. Genau dies waren die Gründe, die nach dem Ersten Weltkrieg zur Ruhrbesetzung geführt hatten. Nichts drückt darum die Grundsätzlichkeit des politischen Versöhnungs- und Gestaltungswillens und seine Gegensätzlichkeit gegenüber der Siegermachtpolitik nach dem Ersten Weltkrieg besser aus als die Vergemeinschaftung der europäischen Kohle- und Stahlindustrie in den 50er-Jahren des 20. Jahrhunderts.

In der Montanunion zeigt sich, wie bereits angedeutet, zugleich die zweite Gestaltungskraft der europäischen Integration, nämlich die Entfaltung wirtschaftlicher Dynamik. Auf diesem Gebiet hat Europa eine enorme Wirkung gehabt; die Verbreitung allgemeinen Wohlstands in fast allen Regionen Europas gehört zu den großen Erfolgsgeschichten unserer Zeit. Aus den noch ganz bescheidenen Anfängen der Montanunion ist über die Gründung der Europäischen Wirtschaftsgemeinschaft hinweg ein europäischer Binnenmarkt entstanden, für den zu einem großen Teil eine Währungsunion gilt.

Das dritte Gestaltungsmotiv für die europäische Integration kam von außen auf die westeuropäischen Staaten zu: Es lag in der sowjetisch-kommunistischen Bedrohung zur Zeit des Kalten Krieges. Dieser Gründungsimpetus hat auf die Entstehung und Prägung des westlichen und europäischen Zusammenhalts besonders intensiv eingewirkt. Er hat die Europäer durch einen auf drei Ebenen ausgetragenen Konflikt zusammengeführt. Erstens war der Kommunismus eine ideologisch-intellektuelle Kampfansage an den Westen. Zweitens prägte die Ost-West-Konfrontation für Jahrzehnte das politische Weltgeschehen. Und drittens ging es bei diesem Konflikt um die Abwehr einer existenziellen physischen Bedrohung mit militärischen Mitteln im Rahmen des westlichen Verteidigungsbündnisses.

Versöhnung, Selbstbehauptung und wirtschaftlicher Aufstieg: Die Gründungsgeschichte der Europäischen Union nach dem Zweiten Weltkrieg ist zugleich eine Erfolgsgeschichte. Sie bildet eine wahrscheinlich historisch einzigartige Verbindung von zwei genuin europäischen Erfindungen, von Realpolitik und politischem Idealismus.

2. Die Herausforderung Europas durch die Globalisierung

Steht Europa heute am Ende seiner Erfolgsgeschichte? Haben sich die ursprünglichen Beweggründe und Antriebskräfte der europäischen Einigung durch Verwirklichung verbraucht? Tatsächlich müssen wir konstatieren: Die Sowjetunion ist untergegangen und mit ihr die unmittelbare und stete physische Bedrohung wie die ideologische Herausforderung des Westens. Ost- und

Westeuropa sind in der Europäischen Union vereinigt. Zwar ist Russland keine Demokratie nach westlichen Kategorien, und die jüngste militärische Aggression und die ungeschminkte Verletzung der territorialen Souveränität eines Nachbarlandes und damit des Völkerrechts zeigen, dass wir alles andere als in einer gefahrlosen und geordneten Welt leben. Aber die Bedrohungslage des Kalten Krieges mit ihrem alternativlosen Zwang zu westlicher und europäischer Verteidigung existiert nicht mehr.

Und Frankreich? Aus dem ehemaligen »Erbfeind« ist das Land geworden, dem sich nach beständigen Umfragen die Deutschen am nächsten fühlen; mit keinem anderen Land unterhalten unsere Städte und Gemeinden so viele und lebendige Partnerschaften, mit keinem anderen Land ist die Verzahnung so eng und so umfassend zugleich. Politisch sind Frankreich und Deutschland die Motoren der europäischen Integration bis zur Wirtschafts- und Währungsunion gewesen und bis heute immer noch die wichtigsten Partner in der Europäischen Union.

Der wirtschaftliche Aufstieg schließlich hat die (West-)Europäer auf ein hohes Niveau geführt, das zum erklärten Besitzstand zählt. Wenn es heute um die Entwicklung von wirtschaftlicher Dynamik geht, dann geht es meist um Besitzstandswahrung bei den westlichen und südlichen Mitgliedsländern und um Nachholeffekte bei den neuen osteuropäischen Mitgliedern.

Die historischen Ziele der Gründerväter Europas sind also entweder erreicht oder werden im Kern für selbstverständlich gehalten. Europa wird deshalb nicht irrelevant für die Gewährleistung von Sicherheit, Freiheit und Wohlstand. Aber die alten Antriebskräfte reichen nicht mehr, um die Legitimation, den Zusammenhalt und eine Perspektive Europas als politische Vision und Projekt zu begründen.

Indes: Während die alten Legitimationsquellen versiegen, treten neue Herausforderungen an Europa heran. Erzeugt werden sie durch die Globalisierung. Die Herausforderungen der Globalisierung beginnen damit, dass Europa von innen heraus unbestreitbar in eine defensive Lage geraten ist, politisch wie psychologisch. Dies ergibt sich daraus, dass Europa von seinen Bürgern zutreffend als ein wichtiger Teil, ja als Verkörperung von Globalisierung identifiziert wird, dem dann natürlich auch die negativen Seiten der Entwicklung anhaften. Psychologisch handelt es sich um einen tief gehenden Wandel im Verhältnis der Bürger zum europäischen Gedanken. In den Anfängen der europäischen Integration und unter dem noch frischen Eindruck der mörderischen Folgen des nationalistischen Wahns wurden das Transnationale und die Grenzüberschreitung von den Menschen als Befreiung gefeiert, als Zusammenrücken der Völker, als Horizonterweiterung für den Einzelnen. Unter den Bedingungen der fortgeschrittenen Globalisierung hat derselbe Aspekt eine ganz andere Bedeutung erhalten. Von vielen Menschen wird das Fehlen von Grenzen heute als Bedrohung angesehen; die Erweiterung der Europäischen Union oder die Vertiefung der europäischen Integration sind ihnen unheimlich. Sie würden eher neue Grenzen einziehen wollen, als noch weitere aufzugeben.

Die galoppierende Beschleunigung wirtschaftlicher, politischer und kultureller Veränderungsprozesse, die immer dichter, unmittelbarer, unausweichlicher erfahrbare Intensität der Globalisierung sind es, die gerade in

Europa wieder Bedürfnisse nach Grenzen wecken. Keiner will die alten Grenzen, es geht vielmehr um das alte Bedürfnis nach Grenzen: Grenzen können Sicherheit geben, während Entgrenzung verunsichern kann. Grenzen können zur Solidarität zwingen, Entgrenzung entsolidarisiert. Grenzen ermöglichen mehr soziale Gleichheit, Entgrenzung hingegen hat zu mehr Ungleichheit geführt. Grenzen sind nicht nur für die wirtschaftlich-sozialen Lebensverhältnisse eines Volkes von Belang, sondern ebenso für sein Bewusstsein von sich selbst, sein Selbstverständnis, seine Identität. Dieses hat für die meisten Menschen immer auch einen Bezug zu einem fest umrissenen Territorium, in dem das »Wir« lebt und außerhalb dessen »die anderen« sind. Darum ist der Staat als Nationalstaat nicht nur eine Organisationsform von Politik, sondern auch eine Lebensform, in der sich ausdrückt, wie eine Gruppe von Menschen sich kulturell, politisch, wirtschaftlich, sozial auch in Unterscheidung zu anderen einrichtet und sich so seiner selbst bewusst wird. Das nationale Selbstverständnis verlangt nach Grenzen. Dieses anzuerkennen beinhaltet nichts Antieuropäisches. Ein europäisches Bewusstsein, ein Wir-Gefühl der Europäer, ohne das Europa nicht zur politischen Einheit reifen kann, speist sich aus dem Gemeinsamen und nicht aus der Negation. Darin erweist es sich als europäisch. Es wird deshalb für die nächsten Jahre entscheidend darauf ankommen, die gemeinsame kulturelle Basis Europas zum Amalgam einer europäischen Identität zu formen.

Europa ist weiterhin in institutionell-politischer Hinsicht mit dem bereits dargelegten Demokratieproblem konfrontiert. Die Nationalstaaten haben im Lauf der europäischen Entwicklung einen beachtlichen Anteil ihrer Souveränität auf die europäische Ebene übertragen. Diese Machtübertragung ist aber nicht in vergleichbare demokratische Legitimationsstrukturen eingebettet worden, wie sie für die Wahrnehmung der Souveränität im Rahmen der Nationalstaaten galten und gelten. Abgesehen vom Europäischen Parlament, über dessen Zusammensetzung die Bürger der Europäischen Union in direkter Wahl bestimmen, stützen sich die politischen Institutionen Europas auf eine mittelbare, nämlich von den Mitgliedstaaten abgeleitete Legitimation. Dieser nationalstaatliche Rückbehalt an Legitimation hat seine Gründe. Er lebt von der Vorstellung und dem Willen, die Herrschaft über die demokratischen Quellen der Souveränität nicht an die Europäische Union abgeben zu wollen, also der EU zwar Kompetenzen, aber keine Existenz aus eigenem Recht zu verleihen. In dieser Diskrepanz liegt die Ursache des oft beklagten »Demokratiedefizits« der Europäischen Union, das sich für die Bürger darin zeigt, dass die Willensbildung in dieser Institution schwer durchschaubar ist.

Am stärksten aber wird Europa dadurch herausgefordert, dass die Globalisierung die innere und äußere Handlungsschwäche Europas offenlegt. Die Globalisierung erfasst praktisch alle Lebensbereiche von den Märkten für Güter, Dienstleistungen, Informationen und Arbeit über die Kultur, die Natur bis hin zu Fragen von Sicherheit und Frieden. Dagegen weist die Integration Europas einen eindeutigen Schwerpunkt auf: die Errichtung eines grenzfreien Binnenmarktes mit gemeinsamer Währung als Ausdruck der verwirklichten europäischen Grundfreiheiten. Hierauf sind die europäische Gesetzgebung und die Rechtsprechung des Europäischen Gerichtshofs fokussiert. Wenn aber die europäische Integration als die Antwort der Europäer auf die Globalisierung zu verstehen sein soll, dann zeigen sich hierin die Einseitigkeit und Unzulänglichkeit der europäischen Integration. Dies gilt insbesondere für das Ungleichgewicht zwischen europäischer Wirtschaftsordnung und europäischer Sozialordnung. Erstere hat inzwischen eine in Teilen problematische Detailreife erreicht, während grundlegende soziale Fragen und Folgen der Marktintegration den Mitgliedstaaten überlassen bleiben.

Die Globalisierung verlangt neben der Gestaltung nach innen die europäische Mitwirkung an der Lösung globaler Probleme. Der Handlungsbedarf hat geradezu erdrückende Ausmaße angenommen: Energie, Klima, Ernährung, Migration, Menschenrechte, Terrorismus, Sicherheit. Letztendlich ist nichts weniger zu leisten, als eine neue Weltordnung zu etablieren, innerhalb derer sich die nur global, nur gemeinsam zu bewältigenden Aufgaben angehen lassen. Bislang allerdings macht Europa nicht den Eindruck, auf diese Aufgabe vorbereitet zu sein, geschweige denn sich dieser Aufgabe zu stellen.

Dabei ist die in Europa entstandene Verbindung von Realpolitik und politischem Idealismus nirgends stärker gefragt als gegenüber den globalen Herausforderungen unserer Zeit und hierin auch inhaltlich alternativlos. In dem Maße, in dem die Welt sich von der europäischen Lebensform und vom europäischen Einfluss ablöst, wird nicht nur Europa verlieren. In dem Maße, in dem wir als Europäer die Globalisierung mit unserer europäischen Erfahrung von Fortschritt und Ausgleich prägen, in dem wir vor allem den europäischen Wertvorstellungen von Personalität und Solidarität Geltung verschaffen, können alle gewinnen. Wahrscheinlich müssen gerade wir Deutschen ein solches Selbstbewusstsein erst lernen. Ich meine, wir dürfen es, und wir sollten dieses Selbstbewusstsein haben.

3. Europa als Antwort der Europäer auf die Globalisierung

Die beschriebenen Herausforderungen, welche die Globalisierung an Europa adressiert, münden also in der Erkenntnis dessen, was Europas grundlegende Aufgabe in der Globalisierung ist: Europa weiterzuentwickeln und zu formen als die Antwort der Europäer auf die Globalisierung. Diese Aufgabe beschreibt die Bewährungsprobe des in der Mitte des 20. Jahrhunderts entstandenen Europas am Beginn des 21. Jahrhunderts. Wenn Europa an dieser Aufgabe scheitert, wird zwar die EU nicht untergehen. Aber die Aufgabe zu meistern ist unerlässlich, um die innere Legitimation und die Akzeptanz der Bürger für Europa neu zu begründen.

Das kulturelle Europa

Um die gewaltigen Handlungsaufgaben erfüllen zu können, die vor uns und vor Europa liegen, bedarf es nach meiner festen Überzeugung eines inneren Zusammenhalts der Europäer, der sich auch in der Ausbildung eines erkennbaren europäischen Selbstbewusstseins niederschlägt. Es gibt viele, die behaupten, dass es einer solchen idealistischen Begründung Europas heute nicht mehr bedarf, weil der gemeinsame Markt an sich oder die in ihm ausgelösten Marktkräfte eine ausreichende Kohäsion bereitstellen. Ich halte das für eine gefährliche Illusion. Europa wird ohne einen inneren, immateriellen Konsens nicht handlungsfähig bleiben können, weil es nicht zu einer politischen Einheit heranreifen kann: Ohne Einigkeit aber bleibt Europa schwach und weit hinter seinen Möglichkeiten zurück.

Man mag die Befürchtung haben, für die Entwicklung eines solchen inneren Zusammenhalts und Selbstbewusstseins sei es zu spät. Und dies gerade deshalb, weil die alten Quellen des europäischen Zusammenhalts – Versöhnung, Selbstbehauptung und wirtschaftlicher Aufstieg – schwächer werden oder gar versiegen. Doch es gibt noch – ältere, aber vitale – Quellen europäischer Identität und europäischen Zusammenhalts. Sie liegen in unserer gemeinsamen europäischen Kultur.

Genau aus diesem Grund hat der damalige Kommissionspräsident Romano Prodi im Jahr 2002 eine Reflexionsgruppe mit der Aufgabenstellung eingesetzt, die spirituelle und kulturelle Dimension Europas auszuloten. In dem von der zwölfköpfigen Gruppe, der neben anderen Kurt Biedenkopf, Bronislaw Geremek und Simone Veil angehörten, nach über zweijährigen Beratungen und Diskussionen verfassten Abschlussdokument wird unter anderem unterstrichen, dass das, was uns als Europäer ausmacht, nicht einfach in einem Katalog der europäischen Werte zusammengeschrieben werden kann, selbst wenn die im damaligen Verfassungsentwurf enthaltene Charta der Grundrechte in eine solche Richtung verwies. »Europäische Kultur, ja Europa selbst, ist kein ›Faktum‹. Es ist eine Aufgabe und ein Prozess«, heißt es in der Abschlusserklärung. Die Existenz eines gemeinsamen europäischen Kulturraums sei nicht anzweifelbar. Aber das gemeinsame Gut der Europäer bestehe aus »einer Vielfalt von Traditionen, Idealen und Zielen, die häufig miteinander verflochten sind und gleichzeitig in Spannung zueinander stehen«. Dieses ständig neu auszuhandelnde, sich immer wieder verändernde Geflecht und die Erfahrung des kulturellen Miteinanders auf dem engen Raum unseres Kontinents machen uns zu Europäern.

Akzeptiert man, dass die gemeinsame europäische Kultur und Geschichte prägend sein soll für die politische Kultur Europas, hat dies unmittelbare Folgen für die europäischen politischen Institutionen. Das klingt abstrakt, lässt sich aber schnell an einem konkreten Beispiel veranschaulichen. Wenn das institutionelle Europa sich auf seine kulturellen Grundlagen verpflichtet, folgt aus seiner kulturellen Vielfalt, dass das politische Europa dezentral organisiert sein muss. Europäische Kultur besteht in ihrer Vielfalt und nicht in ihrer Uniformität. Die Ausübung politischer Macht in Europa muss es also ebenso sein. Vielfalt im politischen Prozess aber heißt öffentliche Meinungsbildung und verlangt politische Führung, die auf Überzeugungsbildung und Transparenz der Verfahren beruht und sich nicht auf technokratische Überlegenheit zurückzieht.

Das ist für mich auch der eigentliche Grund, warum es in Europa neben der Marktintegration verstärkt eine Vorstellung von europäischer Solidarität geben muss: Die Verbindung von Marktliberalität und Solidarität, wie sie für unsere soziale Marktwirtschaft konstitutiv ist, ist typisch für die europäische Lebensform insgesamt. Unsere gemeinsame kulturelle Basis muss sich in unseren politischen Institutionen spiegeln, nicht umgekehrt.

Die kulturelle Selbstfindung und Weiterentwicklung Europas ist indes kein Vorhaben, das den Institutionen der EU und den Mitgliedstaaten überlassen werden kann. Eine gemeinsame europäische Kultur als gemeinsamer Schaffensprozess kann letztlich nur als Gegenstand und

Ergebnis der zivilgesellschaftlichen Entwicklung Europas gelingen. Aufgabe der Politik ist es, einerseits die zivilgesellschaftliche Entwicklung in Europa zu fördern, andererseits aber auch durch politische Selbstbegrenzung dafür zu sorgen, dass es die Freiräume gibt, die für das Hervorbringen einer produktiven europäischen Zivilgesellschaft unerlässlich sind.

Das demokratische Europa

Demokratie als Staats- und Lebensform ist eine der ältesten und wichtigsten Leistungen europäischer Kultur. Demokratische Legitimation und die Kontrolle von Macht, die wiederum die Öffentlichkeit der Meinungsbildung und die Transparenz der Verfahren erfordern, sind darum auch für die politische Ordnung der Europäischen Union konstitutiv.

Wie steht es nun um das demokratische Europa? Was besagen die inzwischen drei gescheiterten Referenden über eine neue vertragliche Grundlage Europas für die Akzeptanz Europas durch seine Bürger?

Zunächst: Diese drei Entscheidungen sind zu respektieren; schmerzlich sind sie dennoch. Dies nicht nur, weil es sich bei Frankreich und den Niederlanden um Gründungsmitglieder der ursprünglichen Europäischen Gemeinschaft und bei Irland um ein Land handelt, das von der europäischen Integration sehr stark und vor allem wirtschaftlich und finanziell profitiert hat. Das Schmerzliche und zugleich Alarmierende an diesen drei Volksentscheiden ist aber vor allem der Umstand, dass sie nur zufällig in diesen drei Ländern so ausgefallen sind. Es hätte wohl so gut wie überall passieren können, auch in Deutschland.

Worin könnten die Gründe für einen derartig heftigen Vertrauensentzug der Bürger gegenüber den europäischen Institutionen liegen? Was drückt sich darin aus? Drei Gründe spielen eine Rolle.

Erstens ist es bei den bisherigen Referenden in Wirklichkeit nie um ihren formalen Gegenstand gegangen, also die neuen vertraglichen Grundlagen der Europäischen Union. Die Verträge, über die abgestimmt wurde und wird, sind Dokumente mit mehreren hundert Seiten und mit zum Teil hochkomplizierten Bestimmungen. Unabhängig davon, dass dies mitnichten ein Spezifikum europäischer Gesetzgebungswerke ist, muss man wissen, dass solche Texte der öffentlichen Vermittlung, Erörterung und Kommunikation schlicht nicht zugänglich sind. Sie sind darum auch ein vollendeter Nachweis, dass Plebiszite über solche Gegenstände nicht nur untauglich, sondern vor allem undemokratisch sind. Demokratie ist diskursabhängig; wenn der Diskurs nicht funktioniert, nicht funktionieren kann, dann ist auch die Demokratie gestört.

Zweitens verbirgt sich in der Ablehnung in Frankreich, den Niederlanden und in Irland nach meiner festen Überzeugung ein negatives Urteil der Bevölkerung über das, was ich das »Einerseits zu viel und andererseits zu wenig« der europäischen Politik nenne und als Kern des Legitimationsproblems Europas ansehe: In dem Bemühen, die wirtschaftlichen Grundfreiheiten mit dem Ziel einer vollständigen Marktintegration zu verwirklichen, offenbart sich zugleich die thematische Verengung wie die inhaltliche Übertreibung der Politik der Europäischen Union im Allgemeinen wie der Politik der Europäischen Kommission im Besonderen. Auf diesem Gebiet wird geregelt, verordnet und verwaltet, was oftmals

inhaltlich am besten noch nicht einmal ein Nationalstaat regeln sollte. Aber das Bemühen um einen wirt-
schafts- und sozialpolitischen Rahmen bleibt regelmäßig
auf der Strecke. Die Bürger erleben darum Europa sowohl
und zugleich im Über- als auch im Untermaß. Und dies
erzeugt Misstrauen.

Drittens drückt sich in den Referenden der Protest der
Bürger dagegen aus, dass man ihnen nicht die Möglichkeit gibt, direkt über die Richtung europäischer Politik
zu entscheiden. Die Wahlen zum Europäischen Parlament können nach der geltenden Rechtslage und auch
nach dem neuen Vertrag diese demokratische Funktion
nicht für sich beanspruchen, wenngleich der permanente und substanzielle Zuwachs an Macht für das Europäische Parlament sehr zu würdigen ist. Der demokratische Anspruch der Bürger, selbst und unmittelbar die
politische Richtung zu bestimmen, verwirklicht sich bislang somit im Wesentlichen in den nationalen Parla-
ments- und Präsidentenwahlen. Das ist der Grund,
warum die Volksabstimmungen über den Verfassungs-
vertrag oder den Vertrag von Lissabon plötzlich eine
ganz andere Bedeutung aus der Sicht der Bürger bekommen haben. Jürgen Habermas hat anlässlich des irischen
Referendums völlig zutreffend diagnostiziert, dass in dieser Abstimmung »sich gewissermaßen die Politik als solche zur Wahl« gestellt habe. Die Wahrscheinlichkeit sei
groß, dass dies überall mit einem Denkzettel für »die«
Politik ende *(Süddeutsche Zeitung* vom 16.6.2008).

Was folgt daraus? Vor allem, dass es die Gefahr zu ban-
nen gilt, dass Europa politisch zu einem Regierungs- und
gesellschaftlich zu einem Elitenprojekt wird, das die
Unterstützung der breiten Bevölkerung verliert. Europa
hat nicht nur die Aufgabe, eine inhaltliche Antwort auf

die Herausforderungen der Globalisierung zu geben, es muss auch eine demokratisch legitimierte und deshalb Akzeptanz stiftende Antwort finden. Der dafür unverzichtbare Diskurs über Inhalt und Richtung von Europa wird nur dann stattfinden, das notwendige Bewusstsein von Europa als politischer Einheit wird nur dann entstehen, wenn die Bürger Europas dazu aufgerufen werden, in einem einheitlichen Akt ihrem politischen Willen Ausdruck zu verleihen. Ein solcher Akt könnte eine europaweite Volksabstimmung über ein Dokument sein, das den Kern der Europäischen Union beschreibt und insofern auch überschaubar, vermittelbar und diskutierbar ist. Mit einer solchen Abstimmung müsste dann aber auch der Ernstfall verbunden werden. Wenn eine Nation im Plebiszit ihren Willen bekundet, dass sie nicht dazugehören will, sollte dies auch respektiert werden, das heißt den Ausstieg aus der EU zur Folge haben. Der Ernstfall ist unvereinbar mit einem »taktischen Nein«, das auf die Vereitelung der Fortentwicklung der Europäischen Union und die Beibehaltung des Status quo abzielt. Ich habe vor einigen Jahren, als es um die Frage eines europäischen Plebiszits über die Verfassung ging, in einem Beitrag für die *Frankfurter Allgemeine Zeitung* meine Ablehnung dieses Vorschlags damit begründet, dass sich in einem solchen europäischen verfassungsgebenden Plebiszit ein europäisches Volk und damit die Eigenständigkeit der EU gegenüber den Mitgliedstaaten konstituiere (FAZ vom 6.5.2004). Ich halte das Argument nach wie vor für richtig, meine Meinung aber inzwischen für falsch. Was wir mehr denn je brauchen in Europa, ist das Bewusstsein der Bürger, als Europäer zusammenzugehören und eine von demokratischer Legitimation ausgehende politische Einheit zu bilden.

Eine solche »demokratische Zuspitzung« Europas müsste sich in der politischen Praxis darin niederschlagen, dass Europawahlen mit Spitzenkandidaten für das Amt des Kommissionspräsidenten eingeführt werden, genauso wie die Bundestagswahl mit Kandidaten für das Amt des Bundeskanzlers stattfindet. In dem Maße, in dem die Gestaltung Europas in politischen Alternativen personalisierbar und sichtbar wird, steigt die Möglichkeit der Bürger, sich durch Richtungsentscheidung politisch an Europa zu beteiligen.

Das politische Europa

Die dargestellte Verengung der europäischen Integration und die darin liegende Unzulänglichkeit europäischer Handlungsfähigkeit in der Globalisierung ist wahrscheinlich weniger Ausdruck bewusster politischer Entscheidungen als eine ungewollte Folge eines grundlegenden Irrtums der europäischen Integration. Dieser besteht in der ursprünglichen Annahme, dass die politische Einheit Europas sich gleichsam als natürliche Folge der Marktintegration von selbst entwickeln würde. Es sind insbesondere die zentrifugalen Kräfte der Globalisierung, die diese Annahme inzwischen als illusionär erwiesen haben. Der Markt allein ist nicht in der Lage, den politischen Zusammenhalt und die gesellschaftliche Solidarität zu erzeugen, auf welche die Europäische Union als politische Einheit angewiesen ist.

Aus dieser Analyse ergibt sich im Umkehrschluss eine entscheidende politische Konsequenz. Europa als nach innen und außen politisch handlungsfähige Einheit zu entwickeln ist die Übertragung der europäischen Gründungsvision in unsere Zeit. Genau daraus leitet sich auch das konkrete Mandat ab, das europäische Politik heute anzunehmen hat. Es liegt in den Gestaltungsnotwenigkeiten und -möglichkeiten der Globalisierung, die den Handlungsrahmen der Mitgliedstaaten überschreiten. Dabei geht es nicht einfach darum, dem aktuellen Stand europäischer Politik und Gesetzgebung neue Felder hinzuzufügen. Die Aufgabe besteht vielmehr darin, das Ungleichgewicht zu korrigieren, das »Einerseits zu viel und andererseits zu wenig« auszubalancieren. Es geht um Limitierung und Erweiterung zugleich.

Was heißt das konkret? Wo muss Europa begrenzt werden, und wo muss es erweiterte Möglichkeiten europäischen Handelns geben?

Einen ersten Anwendungsfall für die Neubalancierung europäischer Politik liefert das Verhältnis von Wirtschafts- und Sozialordnung in der Europäischen Union. Für die Durchsetzung der Marktfreiheiten ist die EU richtigerweise zuständig. Indessen wird auf diesem Gebiet auch im Kleinen und bis ins Kleinste liberalisiert, sodass jeder Schornsteinfeger aus Kreta ohne rechtliche Behinderung auch in Königswinter zum Einsatz kommen kann. Die sozialen Folgen europaweit durchgesetzter Marktfreiheiten werden auf die Mitgliedstaaten abgeschoben. Der allgemeine Bedeutungswandel, den die nationalen Sozialordnungen durch die Globalisierung erfahren, wird durch die europäische Integration nicht abgefedert, sondern verstärkt. Wie bereits ausgeführt, bestand im Zeitalter geschlossener Volkswirtschaften die wesentliche Funktion von Sozialordnung darin, dem Marktgeschehen einen Rahmen zu geben und zu korrigieren. In dem durch die Globalisierung ausgelösten Wettbewerb der Standorte ist der Sozialstaat als Ordnungsfaktor weithin zum Wettbewerbsfaktor in der Kostenevaluation des Staats als Investitionsstandort mutiert. Doch der Zusammenhang zwischen wirtschaftlicher Freiheit und gesellschaftlicher Solidarität gehört zur europäischen Kultur, und ich bin davon überzeugt, dass die Europäer ihn erhalten und verteidigen wollen. Darum muss das »soziale Europa« der europäischen Marktintegration hinzugefügt werden.

Das Postulat eines sozialen Europas muss allerdings sofort gegen Missverständnisse geschützt werden. Erstens bedeutet manche Übertreibung auf dem Gebiet der Marktliberalisierung nicht, dass der europäische Binnenmarkt auf allen Gebieten bereits zufriedenstellend funktioniert. Dies kann insbesondere nicht für die Freiheit und die Gewährleistung von Wettbewerb auf den Energiemärkten festgestellt werden. Die Wohlstandsmehrung, die in Globalisierungsländern wie China, Indien, Brasilien etc. stattfindet und mit wachsendem Ressourcenverbrauch verbunden ist, steigert sowohl die Abhängigkeit Europas von außereuropäischen Energielieferungen als auch den Kostenfaktor Energie für Produzenten und Verbraucher in Europa. Energieversorgung und Energiesicherheit sind darum keine nationalen Themen mehr. Es sind europäische Themen. Vor diesem Hintergrund erscheint zum Beispiel das Beharren auf dem isolierten nationalen Ausstieg aus der Kernenergie als ebenso ignorant wie gefährlich. Denn einem integrierten Energiemarkt kann man sich wirtschaftlich nicht durch nationale Alleingänge entziehen. Entziehen kann man sich auf diese Weise lediglich der politischen Einflussnahme auf die Gestaltung des gemeinsamen Energiemarktes. Ein Ausstieg aus der Betroffenheit ist also nicht möglich, nur ein Ausstieg aus der Verantwortung und der Mitgestaltung.

Ein zweites Missverständnis, das mit der Forderung nach einem sozialen Europa verbunden sein könnte, besteht darin, diese Forderung mit dem Ruf nach einem Ende europäischer Wirtschaftspolitik zu verwechseln. Das Gegenteil ist der Fall. Denn die erfolgte Marktintegration ist auf der Basis eines Nebeneinanders der nationalen Wirtschaftspolitiken vonstatten gegangen. Dies ist der Grund für die extreme Verrechtlichung, mit der die Marktintegration europäisch durchgesetzt wurde. Sie konnte wegen der Meinungsverschiedenheiten in der Wirtschaftspolitik nicht politisch, sondern musste rechtlich durchgesetzt werden. Die Uneinigkeit in der Wirtschaftspolitik zählt zu den »Gründungsdissensen« in der europäischen Integration (der andere Dissens betrifft mit dem Verhältnis Europas zu den USA die Außenpolitik), die im Kern ein deutsch-französischer Dissens waren und sind. Wenn Europa sich gerade auch wirtschaftlich gegen die anderen großen Wirtschaftsregionen in Asien und Amerika behaupten will, können wir uns den Luxus dieses Dissenses nicht mehr leisten. Er ist auch deshalb nicht mehr zeitgemäß, weil die Wirklichkeit schon längst über die angebliche konzeptionelle Unvereinbarkeit zwischen deutscher Ordnungspolitik und französischer Industriepolitik hinweggegangen ist. Eine Debatte über die wirtschaftspolitische Identität Europas wäre deshalb eine Initiative, die zuvörderst Deutschland und Frankreich Europa schulden. Die gegenwärtige Finanzmarktkrise verleiht dieser historischen Bringschuld der beiden Länder höchste Dringlichkeit. Die Finanzmarktkrise hat der liberalen Marktgläubigkeit angelsächsischer Prägung die Grundlage entzogen. Sie hat zugleich für die Zeit nach der Krise den wirtschaftskulturellen Wettbewerb eröffnet zwischen der kontinentaleuropäischen

Idee der sozialen Marktwirtschaft, dem angelsächsischen Kapitalismusmodell und der Politik eines staatsautoritären Kapitalismus, wie wir sie in China oder Russland finden. Dieser Wettbewerb, machen wir uns nichts vor, ist zugleich ein Kräftemessen der Werte und ein Kampf der Interessen. Sowohl unsere Werte als auch unsere Interessen werden wir nur gemeinsam verwirklichen, oder wir werden gemeinsam verlieren.

Schließlich geht es darum, die Handlungsfähigkeit Europas nach außen, bei der Lösung der globalen Probleme und damit letztlich zur Etablierung einer globalen Ordnung zu entwickeln. Der europäische Ansatz in der Klimapolitik hat gezeigt, wie erfolgreich Europa sein kann, wenn, ja wenn es einig ist. Das Scheitern der Doha-Verhandlungsrunde über ein neues Welthandelsabkommen im Jahr 2008 steht exemplarisch für die politische Uneinigkeit der globalen Welt, die sowohl die innere Uneinigkeit des Westens und Europas als auch die Uneinigkeit der alten mit den neuen Mächten und Regionen umfasst. Die ungeordnete Globalisierung birgt ein gigantisches Gefahrenpotenzial, das von dem US-amerikanischen Kolumnisten und Publizisten Fareed Zakaria so beschrieben worden ist: »The greatest failure of Western foreign policy since the cold war ended has been a sin of omission. We have not pursued a foreign policy toward the world's newly rising powers that aims to create new and enduring relations with them, integrate them into existing structures of power and lay out new rules of the road to secure peace and prosperity. If the emerging countries grow strong outside the old order, they will freelance and be unwilling to help build a new one. The new world might well be the same as the old – the 19th-century world, that is, marked by economic globalization, political nationalism and war« *(Newsweek* vom 11.8.2008, S. 13).

Die Fähigkeit, interne Interessenunterschiede zu überwinden, sich zu einigen und einen politischen Willen zu definieren, ist darum von existenzieller Bedeutung nicht nur für Europa, sondern weltweit. Nur so haben die globalen Probleme wie Versorgung mit Lebensmitteln und Energie, Menschenrechte, Sicherheit, Klima-, Umwelt- und Artenschutz die Chance auf eine Lösung.

Gefordert ist mit anderen Worten eine umfassende »europäische Außenpolitik«. Eine ihrer unverzichtbaren Voraussetzungen besteht darin, das Verhältnis zu den USA zu klären. Dies bedeutet, den zweiten historischen Gründungsdissens der europäischen Einigung zu überwinden. Falsch und aussichtslos wäre es, Europa als Gegenentwurf oder gar als Gegenmacht zu den USA zu konzipieren. Das Ziel muss vielmehr die Partnerfähigkeit Europas mit den USA sein. Diese Chance besteht deshalb, weil einiges dafür spricht, dass die USA mit der allmählichen, aber sicheren Auflösung ihrer hegemonialen globalen Machtstellung dies anders als früher von den Europäern selbst einfordern.

Ein konkretes Projekt gemeinsamer europäischer Außenpolitik läge in der Bildung einer gesamteuropäischen Armee, ein Projekt, das im Jahr 2003 von Belgien, Deutschland, Frankreich und Luxemburg zuletzt verfolgt wurde. Vieles spricht dafür, dass sich heute Italien und Spanien beteiligen würden. Und noch mehr, dass die USA dieses Projekt inzwischen befürworten würden. Ein solches Projekt hätte den Vorwurf der Militarisierung von Außenpolitik zwar zu erwarten, aber nicht mehr zu befürchten. Außenpolitik, Abwendung humanitärer Katastrophen wie Völkermord, Abwehr terroristischer

Bedrohungen unserer Sicherheit etc. haben ohne militärische Fähigkeiten keine Aussicht, ernst genommen zu werden, geschweige denn, dass ein gemeinsames europäisches Handeln möglich wird.

Schlusswort
Trotz allem

Es gehört zu den bemerkenswertesten Erfahrungen der vergangenen 20 Jahre, wie schnell die kurze, geradezu fieberhafte Hochstimmung, die mit dem Fall der Mauer und des Eisernen Vorhang verbunden war, einem neuen, weit nervöseren Unsicherheitsgefühl gewichen ist.

Mit der im nuklearen Patt der Supermächte gefrorenen Stabilität hatte man sich arrangiert, nicht aber mit den neuen Unsicherheiten einer durch Globalisierung entgrenzten Welt. Und bei aller Euphorie, die durch Aktienralleys, Übernahmephantasien und neue Märkte vermittelt wurde, nahm dieses Gefühl der Unsicherheit für breite Bevölkerungsschichten unseres Landes in den vergangenen Jahren eher zu. Für diese Bevölkerungsgruppen stellt die gegenwärtige Krise keine neue, völlig überraschende Wendung dar, sondern bringt vielmehr ein Unbehagen auf den Punkt, das schon länger da war.

Dieses Buch hat nicht den Versuch unternommen, mit diesem Unbehagen leichtfertig umzugehen, es als Naivität abzutun und dagegen den triumphierenden Trompetenstoß unkritischer Globalisierungsbegeisterung zu setzen. Im Gegenteil: Mir war es wichtig zu zeigen, dass die Globalisierungsangst nachvollziehbare Gründe hat und dass sich die Erfolge und Chancen der Globalisierung dem Einzelnen keineswegs ganz von selbst vermitteln. Das verbreitete Gefühl der Entkopplung von unternehmerischem Erfolg und individueller

Teilhabe lässt sich nicht einfach durch den Verweis auf günstiger gewordene Flachbildschirme kompensieren. Wenn die Menschen mit diesem Gefühl allein gelassen werden, droht es langsam, aber stetig den Legitimationsgrund unserer Wirtschafts- und Gesellschaftsordnung zu zersetzen.

Gleiches gilt für die Arbeitswelt, in der traditionelle langfristige Beschäftigungsmuster durch unstetere, flexiblere Formen der Beschäftigung abgelöst worden sind – eine Arbeitswelt, in der die Angst vor Verlagerung und (Weg)Rationalisierung von Arbeitsplätzen längst auch Angehörige qualifizierter Dienstleistungsberufe erreicht hat. Auch hier stoßen rationale Hinweise auf positive Beschäftigungseffekte im größeren Maßstab auf konkrete Lebenssituationen und -gefühle von Arbeitnehmern und ihren Familien, die mit ihrer persönlichen Leistung wirtschaftliche Lebenssicherheit nicht mehr beeinflussen können, sondern sich übergreifenden Entwicklungen und Entscheidungen ausgesetzt sehen.

Ich habe mich in der Beschreibung der neuen Unsicherheiten aber keineswegs nur auf die ökonomischen Veränderungen konzentrieren wollen. Denn Entgrenzungsprozesse betreffen die Menschen auch ganz fundamental in ihrer Identität – wobei sich die elementare Veränderungswucht aus dem Zusammentreffen einer inneren und äußeren Entgrenzung ergibt. Mit der inneren Entgrenzung ist der Prozess der Individualisierung und Pluralisierung gemeint, der nicht nur die Emanzipation des Einzelnen gefördert, sondern gesellschaftlich auch zu Atomisierung und Partikularisierung und damit zu einer Gefahr des gesellschaftlichen Zusammenlebens und des demokratischen Diskurses geführt hat.

Diese innere Entgrenzung wird mit der Globalisierung

durch eine äußere Entgrenzung ergänzt, in der die Bezugspunkte gemeinschaftlicher Identitätsbildung zwar nicht obsolet, aber doch deutlich geschwächt werden. In dem Maße, wie der Nationalstaat an Handlungsmacht einbüßt, verliert er auch die Kraft zur Organisation von Gefolgschaft – ohne dass andere Potenzen an seine Stelle träten, die dem menschlichen Bedürfnis, das »Ich« durch ein »Wir« zu überwölben, einen Ankerplatz böten.

Mit den Folgen haben auch all jene Organisationen zu leben, die der Aufgabe, Gefolgschaft zu ermöglichen und Führung zu vermitteln, bislang als Intermediäre gedient haben: Parteien, Gewerkschaften und Verbände.

Insbesondere die Parteien sind von den Herausforderungen der Globalisierung und dem damit verbundenen Misstrauen in die Handlungsmöglichkeiten nationalstaatlicher Politik betroffen. Ich habe zu zeigen versucht, dass es ganz unterschiedliche Strategien gibt, mit dieser Situation umzugehen: die politische Instrumentalisierung der Ängste der Menschen durch falsche Propheten, die politische Kapitulation der Standortanpassungsprediger oder der politische Wille zu gestalten.

Die Notwendigkeit, Möglichkeit und Pflicht zur politischen Gestaltung, die gerade durch die Globalisierung begründet wird, wollte ich in diesem Buch vermitteln.

Dabei wird ein bloßes »Weiter so« nicht reichen. Es geht – das war mir wichtig herauszustellen – um nichts anderes als um die Neubegründung von Politik im Zeitalter der Globalisierung. Wir werden dem notwendigen Gestaltungsanspruch von Politik nur gerecht werden, wenn wir uns zum einen auf den zentralen Ausgangspunkt verantwortlicher Politik zurückbesinnen: den zur Freiheit begabten und mit unverfügbarer Personwürde ausgestatteten Menschen, der Subjekt seiner Lebensgestaltung und nicht Objekt ihn entmündigender Politik ist. Zum anderen werden wir uns von einem sich selbst genügenden Politikverständnis, das sich in der defensiven Beherrschung des Augenblicks erschöpft, lösen müssen. Denn nur so lässt sich ein strategischer Politikansatz verwirklichen, der offensive Zukunfts- und Gegenwartsgestaltung miteinander verbindet und eine Angstpolitik überwindet, die neuen Entwicklungen nur mit Abwehrreflexen und Ohnmachtsgefühlen entgegenzutreten vermag. Wenn wir den hier formulierten Gestaltungsanspruch ernst nehmen, hat das ganz elementare Auswirkungen auf unser Verständnis vom Staat und auf zentrale Politikfelder.

In der gegenwärtigen Finanzkrise erfährt der Staat eine Rehabilitierung. Damit wird die soziale Marktwirtschaft nicht infrage gestellt, sondern geradezu bestätigt. Denn dieses für unser Land so prägende Konzept geht entgegen allen anderslautenden Unterstellungen nicht von einem schwachen Minimalstaat, sondern von einem starken Staat aus, der einen Ordnungsrahmen sichert, in dem freie wirtschaftliche Betätigung erst möglich wird. Eine der Ursachen für die heutige Krise liegt darin, dass es nicht gelungen ist, den Gedanken eines verlässlichen Ordnungsrahmens auf die internationale Organisation unserer Kapitalmärkte zu übertragen. Die Chance der gegenwärtigen Krise besteht darin, einen solchen Ansatz nun in einer gemeinsamen Anstrengung der führenden Wirtschaftsnationen und der aufstrebenden Wirtschaftsmächte zu verwirklichen.

Ein starker Gewährleistungsstaat, wie er dem Menschenbild und geistigen Ansatz meiner Partei entspricht, ist aber das Gegenteil von einem starken Umverteilungs-

und Bevormundungsstaat. Ich habe deutlich zu machen versucht, dass es bei einer auf die Herausforderungen der Globalisierung reagierenden Sozialpolitik nicht darum gehen darf, die Dosis der wohlfahrtsstaatlichen Beruhigungsmittel für die gesellschaftlich Ausgeschlossenen zu erhöhen. Gestaltende Politik stellt die gesellschaftliche Inklusion ins Zentrum und versteht sich als eine Befähigungspolitik auf dem Fundament des Leistungsprinzips. Das schließt die Unterstützung derjenigen, die sich aus eigener Kraft nicht helfen können, ganz ausdrücklich ein. Bei allen anderen aber geht es darum, Potenziale zu erschließen, das Bewusstsein eigenen Werts und eigener Würde zu vermitteln und damit die Voraussetzungen für Teilhabe und Teilnahme zu schaffen. Mit weniger Arbeit – sei es in der Woche oder im Leben – wird das nicht gelingen. Frühverrentungsmodelle, die wie Stilllegungsprämien menschlicher Arbeitskraft wirken, sind Symbole eines falschen Politikansatzes geworden. Was wir brauchen, sind Anreizmodelle, die Leistung honorieren und im wahrsten Sinne des Wortes »Wertschätzung« von individueller Anstrengung zum Ausdruck bringen, sowie kontinuierliche Investitionen in die individuelle Beschäftigungsfähigkeit unter den Voraussetzungen einer sich rasant verändernden Arbeitswelt.

Wirtschaftspolitik, Sozialpolitik und Bildungspolitik greifen hier aufs Engste ineinander. So richtig es in diesem Zusammenhang ist, dass Bildungspolitik vorausschauende Wirtschaftspolitik und vorbeugende Sozialpolitik darstellt, so falsch wäre es, diesen Gedanken ausschließlich auf das erste Lebensdrittel zu beziehen, denn auch einer systematischen Weiterbildungspolitik kommt hier eine ganz zentrale Stellung zu.

Ein vom Wert und der Würde des Einzelnen ausgehender Politikansatz wird sich von der Diskreditierung wirtschaftlichen Wachstums ebenso lösen wie von einem Wachstumsbegriff, der sich auf ökonomische Parameter beschränkt und zu kurzsichtigen Standortdebatten führt. Wenn der Mensch – das wird ebenso häufig wie zutreffend behauptet – im Zentrum einer Wirtschafts- und Gesellschaftsordung steht, lassen sich Aussagen über die Qualität und Perspektive einer solchen Ordnung nicht nur anhand des Bruttoinlandsprodukts und seiner Steigerungsraten treffen. Ganz entscheidend wird dann auch die Frage, inwieweit die Art unseres heutigen Wirtschaftens auf möglichst breiter Basis gelingende menschliche Existenz ermöglicht und ob sie vereinbar ist mit den Freiheits- und Gestaltungsräumen kommender Generationen.

Der hier vorgestellte Gestaltungsansatz, der sich gegen eine Politik der Angst und Ohnmacht wendet, folgt einem klassischen Handlungsverständnis von Politik. Es ruht auf einem Menschenbild, das bei aller Fehlbarkeit menschlichen Handelns Zutrauen in die menschliche Leistungskraft und den Willen freiheitlicher Lebensführung begründet. Und konkret gründet sich dieser Ansatz auf den festen Glauben, dass gerade die Deutschen alle Voraussetzungen mitbringen, den neuen Unsicherheiten zu trotzen und sie gestaltend anzunehmen. In diesem Jahr wird die Bundesrepublik Deutschland 60 Jahre alt, die soziale Marktwirtschaft hat dieses Alter im letzten Jahr erreicht. Wenn wir auf eines stolz sein dürfen, dann ist es der Erfolg, unter den gänzlich unwahrscheinlichen Bedingungen der unmittelbaren Nachkriegszeit eine stabile Demokratie, eine freiheitliche, partizipative Gesellschaft und eine enorm leistungsstarke Volkswirtschaft entwickelt zu haben, und dies erstmalig nicht gegen unsere Nachbarn, sondern im aktiven Bemühen um Ausgleich, Kooperation und europäische Integration.

Dass Deutschlands beste Jahre noch kommen, wird auch angesichts dieser Aufstiegs- und Erfolgsgeschichte der letzten 60 Jahre nicht zur Gewissheit. Mir ging es mit diesem Buch auch nicht um Gewissheiten oder Prognosen, sondern um die Überzeugung, dass dieses Land mit seinen gewaltigen Potenzialen noch eine große Zukunft vor sich hat – wenn es mutiger, vorausschauender Politik gelingt, diese Potenziale zu entfesseln und für die Zukunft nutzbar zu machen. Die Welt von morgen wird sich vielleicht dramatisch von der uns vertrauten unterscheiden. Aber ich bin überzeugt, dass die Welt von morgen eine Welt sein kann, in der gesellschaftliche Solidarität und individuelle Leistungsbereitschaft die für unser Land entscheidenden Prägekräfte sind – weil wir rechtzeitig bereit waren, die Globalisierung nicht als Schicksal hinzunehmen, und weil wir unsere Zukunft rechtzeitig in die eigene Hand genommen haben.

Literaturangaben (Auswahl)

Beck, Ulrich (2002) *Macht und Gegenmacht im globalen Zeitalter.* Neue weltpolitische Ökonomie, Suhrkamp Verlag, Frankfurt am Main.

Beck, Ulrich (2007) *Weltrisikogesellschaft. Die globalen Gefährdungen – vom Terror bis zum Klimawandel,* Suhrkamp Verlag, Frankfurt am Main.

Biedenkopf, Kurt (März 2003) *Kultur als Basis Europas,* Project Syndicate und Institut für die Wissenschaften vom Menschen.

Dahrendorf, Ralf (1997) *Die Globalisierung und ihre sozialen Folgen werden zur nächsten Herausforderung einer Politik der Freiheit,* Die Zeit, Nr. 47.

Deutsche Bischofskonferenz (Hrsg.) (2003) *Das Soziale Neu Denken. Für eine langfristig angelegte Reformpolitik,* Kommission für gesellschaftliche und soziale Fragen, Bonn.

Deutscher Bundestag (Hrsg.) (2002) *Schlussbericht der Enquete-Kommission.* Globalisierung der Weltwirtschaft, Verlag Leske + Budrich, Opladen.

Friedman, Thomas L. (2007) *Die Welt ist flach. Eine kurze Geschichte des 21. Jahrhunderts,* Suhrkamp Verlag, Frankfurt am Main.

Giddens, Anthony (1999/2001) *Entfesselte Welt. Wie die Globalisierung unser Leben verändert* (im Original: Runaway World), Edition Suhrkamp, Frankfurt am Main.

Papst Johannes XXIII. (1961) *Mater et Magistra,* Sozialenzyklika, Rom.

Krugman, Paul (Juli 1999) *Why Germany KANT KOMPETE,* Fortune Magazine.

Münkler, Herfried (Hrsg.) (2002) *Der demokratische Nationalstaat in den Zeiten der Globalisierung. Politische Leitideen für das 21. Jahrhundert,* Akademie Verlag.

Rodrik, Dani (1997) *Has Globalization Gone Too Far?,* Institute for International Economics, Washington D.C.

Röpke, Wilhelm (1958) *Jenseits von Angebot und Nachfrage,* Eugen Rentsch Verlag, Erlenbach-Zürich und Stuttgart.

Rosa, Hartmut (2005) *Beschleunigung. Die Veränderung der Zeitstrukturen in der Moderne,* Suhrkamp Verlag, Frankfurt am Main.

Safranski, Rüdiger (2006) *Wieviel Globalisierung verträgt der Mensch?,* Fischer Taschenbuch Verlag, Frankfurt am Main.

Sassen, Saskia (2008) *Das Paradox des Nationalen: Territorium, Autorität und Rechte im globalen Zeitalter,* Suhrkamp Verlag, Frankfurt am Main.

Sen, Amartya (1999/2000) *Ökonomie für den Menschen – Wege zu Gerechtigkeit und Solidarität in der Marktwirtschaft* (im Original: Development as Freedom), Carl Hanser Verlag, München.

Sennett, Richard (2007) *Die Kultur des neuen Kapitalismus, aus dem Amerikanischen von Michael Bischoff,* Berliner Taschenbuch Verlag, Berlin.

Sennett, Richard (2000) *Der flexible Mensch. Die Kultur des neuen Kapitalismus,* Siedler Verlag, Berlin.

Vogel, Sabine, Reichel, Richard, Schneider, Andrea (Hrsg.) (2007) *Soziale Marktwirtschaft - Damals und Heute. Zitate und Aufsätze,* Konrad-Adenauer-Stiftung, Berlin/Sankt Augustin.

Wolfgang Herles

Neurose D

Eine andere Geschichte Deutschlands. 304 Seiten. Gebunden

Vom Wirtschaftswunder zur Wiedervereinigung: Die deutsche
Nachkriegsgeschichte ist eine einzige Erfolgsstory. So sagt
es die Geschichtsschreibung. Nur: Es stimmt nicht, sagt Wolfgang Herles. Seine Darstellung ist bewusst gegen den Strich
gebürstet, darauf gerichtet, zu erklären, wo unsere Geschichte
geschönt wird – bis heute. Herles zeigt, wieso seit Adenauer der Sozialstaat aus dem Ruder läuft. Wie der Staat
immer mehr zur Beute der Parteien geworden ist. Was die
Wiedervereinigung alles zerstört hat. Warum den meisten
Deutschen Sicherheit immer wichtiger war als Freiheit.
Warum wir bis heute – außer bei Fußball-Weltmeisterschaften
– kein vernünftiges Verhältnis zur Nation hinkriegen.

01/1708/01/R

PIPER

Gabor Steingart
Weltkrieg um Wohlstand

Wie Macht und Reichtum neu verteilt werden. 400 Seiten mit
24 schwarz-weiß und farbigen Abbildungen. Gebunden

Für die reichen Länder des Westens beginnt die Globalisie-
rungsbilanz zu kippen: Asien trumpft auf, während
Europa und Amerika im Weltkrieg um Wohlstand zurückfallen. Die Methoden der Angreiferstaaten sind gleichermaßen brutal wie erfolgreich: Sie ertragen im Land bittere Armut, verursachen Umweltzerstörungen in nie gekanntem
Ausmaß, um ihre Kräfte in den Exportindustrien zu konzentrieren. Der Westen wird bei Löhnen und Sozialstandards
unterboten, sein in Jahrzehnten erworbenes Wissen oftmals
gezielt abgesaugt. Die Folgen spüren wir täglich: Wanderten zuerst die einfachen Industriearbeitsplätze aus, gilt die
neueste Angriffswelle dem Mittelstand und den High-Tech-
Jobs. Das Zeitalter westlicher Dominanz geht zu Ende. Der
Westen besitzt eine Vorahnung, aber keine ernstzuneh-
mende Analyse der Bedrohung, sagt Gabor Steingart. Sein
Buch liefert sie: schonungslos und realistisch.

01/1623/01/R

**Stefan Aust, Claus Richter,
Gabor Steingart**
Unter Mitarbeit von Matthias Ziemann
*Der Fall Deutschland
Abstieg eines Superstars*

288 Seiten mit 11 Abbildungen. Serie Piper

Selten hat ein politisches Buch eine solche Wirkung bewiesen
wie Gabor Steingarts Bestseller »Deutschland – Der Abstieg eines Superstars«. Diese Analyse ist jetzt Basis einer großen Dokumentation im ZDF, die die Frage stellt: Ist
Deutschland so schlecht? Oder hat sich die Lage geändert? In
20 Interviews sondieren die Autoren, wie Deutschland in
diese Schräglage gekommen ist, spüren Fehler auf und zeigen
Irrwege auf. Politisch handelnde Zeitzeugen wie Helmut
Schmidt und Otto Graf Lambsdorff nehmen Stellung, wirtschaftlich Verantwortliche wie Hilmar Kopper und Heinz
Dürr verbinden ihre Erfahrungen mit einer schonungslosen
Analyse der aktuellen Lage. Selten hat es eine derartige
Versammlung von politischem und wirtschaftlichem Sachver-
stand in einem Buch gegeben: so etwa Klaus von Dohna-
nyi, Edzard Reuter, Franz Steinkühler, Kurt Biedenkopf,
Meinhard Miegel, Bert Rürup, Richard von Weizsäcker,
Theo Waigel, Karl-Otto Pöhl und Wolfgang Schäuble.

01/1485/02/R

PIPER

Rolf Hosfeld, Hermann Pölking
Die Deutschen 1815 bis 1918
Fürstenherrlichkeit und Bürgerwelten
Die Deutschen 1918 bis 1945
Leben zwischen Revolution und Katastrophe
Die Deutschen 1945 bis 1972
Leben im doppelten Wirtschaftswunderland
Die Deutschen 1972 bis heute
Auf dem Weg zu Einheit und Freiheit

*Als ob Sie dabei gewesen wären: Auf dieser Piper Zeitreise
erleben Sie deutsche Geschichte neu – in einer multimedialen
Form, die einmalig ist.*

Die Bücher bieten auf rund 500 Seiten spannend und informativ aufbereitete Lektüre. Hochwertig ausgestattete Bände, durchgehend farbig bebildert mit rund 450 teils noch nie zuvor veröffentlichten Fotos, anschaulichen Grafiken und Karten. Buch und DVDs im mattierten Folienschuber. Die drei DVDs zu jedem Buch enthalten Filmmaterial, das bislang so noch nicht zu sehen war: Bilder des alltäglichen Lebens aus allen Regionen Deutschlands. Aufnahmen, die in mehr als zwanzig Jahren intensiver Recherche eigens für dieses Projekt zusammengetragen, ausgewertet, restauriert, geschnitten und vertont wurden. Die Sprecher sind bekannte Schauspieler wie Gudrun Landgrebe, Hanns Zischler und Peter Kaempfe.

01/1707/01/R